교사의 고민에
그림책이 답하다

교사의 고민에 그림책이 답하다

초판 1쇄 발행 2023년 10월 31일

지은이 | 그림책 아틀리에 36.5

발행인 | 최윤서
편집장 | 이경혜
디자인 | 김수경
마케팅 지원 | 최수정
펴낸 곳 | (주)교육과실천
도서문의 | 02-2264-7775
인쇄 | 031-945-6554 두성 P&L
일원화 구입처 | 031-407-6368 (주)태양서적
등록 | 2020년 2월 3일 제2020-000024호
주소 | 서울특별시 중구 창경궁로 18-1 동림비즈센터 505호
ISBN 979-11-91724-34-9(13370)

책값은 뒤표지에 있습니다.
저작권법에 따라 한국 내에서 보호를 받는 저작물이므로 무단 전재 및 복제를 금합니다.

24가지 수업, 생활 교육 고민을 현장 사례로 풀어낸

교사의 고민에 그림책이 답하다

| 그림책 아틀리에 36.5 지음 |

교육과실천

차례

들어가며 •7

I. 그림책 수업 용기 북돋우기
그림책 수업 디자인, 교과 연결, 창작 활동 등으로 수업 고민 해결!

◆

01 그림책 수업을 시작하고 싶은데 막막할 때 •14
평범한 일상에 생기를 불어넣는 힘 『구름공항』

02 그림책과 아이들의 삶을 이어 주고 싶을 때 •24
일상을 연결하는 공감의 말 『아 진짜』

03 글을 읽어도 내용을 이해 못 하는 아이가 있을 때 •32
그림책과 문해력의 연결 고리 『모기와 춤을』

04 학기 초 그림책으로 학급 세우기를 하고 싶을 때 •43
그림책으로 평화로운 학급 만들기 『무리』

05 그림책을 여러 교과와 연결해 수업하고 싶을 때 •56
그림책 활용 교육과정 재구성 『붕붕 꿀약방-반짝반짝 소원을 빌어요』

06 교실에서 환경 교육을 시작할 때 •66
환경에 대한 위기의식 기르기 『이제 나는 없어요』

07 아이들과 그림책 창작 활동을 꾸준히 이어 가고 싶을 때 •74
세상에 하나뿐인 나만의 책 만들기 『특별한 책』

Ⅱ. 마음의 어려움 다독이기

자존감, 승부욕, 사춘기, 무기력 등 복잡한 교실 속 아이들의 마음 어루만져 주기!

◆

01 자존감이 낮은 아이에게 힘을 북돋워 주고 싶을 때 · 86
　소중한 내 모습 찾아 가기 『브로콜리지만 사랑받고 싶어』

02 무기력한 아이에게 있는 그대로 자기 수용을 알려 주고 싶을 때 · 95
　역할 놀이로 표현 더하기 『그래봤자 개구리』

03 친구와 비교하는 아이에게 존재의 고유성을 말해 주고 싶을 때 · 108
　나만의 속도, 나만의 즐거움 찾기 『거북이자리』

04 항상 이기고 싶어 하는 아이를 다독일 때 · 118
　이기지 못해도 행복해지는 방법 『졌다!』

05 매사 불평하는 아이에게 감사의 미덕을 알려 주고 싶을 때 · 128
　세상을 유지하는 비결 『코끼리 아저씨는 코가 손이래』

06 자기 입장만 내세우는 아이에게 남을 헤아리는 법을 알려 주고 싶을 때 · 138
　'우리, 함께'가 소중한 이유 『왼손에게』

07 장래 희망을 고민하는 아이에게 도움을 주고 싶을 때 · 149
　나의 꿈을 찾아 가는 여정 『열두 살 장래 희망』

08 자기 모습에 자신감 없는 아이가 자신을 사랑하도록 돕고 싶을 때 · 159
　나 자체로 소중한 자기 긍정주의 『난 나의 춤을 춰』

09 사춘기 몸과 마음의 변화로 혼란스러운 아이를 지도할 때 · 170
　선생님과 함께하는 FUN한 성(性)교육 『빨강은 아름다워』

III. 관계의 어려움 보듬기
부모, 친구들, 교사와의 관계를 좋게 만드는 행복 교실 공동체!

◆

01 부모와의 갈등으로 힘들어하는 아이를 돕고 싶을 때 · 182
　　상대를 온전히 수용하는 마음 『완벽해』

02 친구를 사귀고 싶은 아이에게 관계 맺기를 알려 줄 때 · 193
　　자세히 바라보고 멋진 점 발견해 주기 『나를 봐』

03 거짓말이 관계에 어떤 영향을 주는지 깨우쳐 주고 싶을 때 · 204
　　사람의 거짓말, 사랑의 거짓말 『거짓말』

04 거친 말로 상처 주는 아이에게 고운 말의 힘을 알려 줄 때 · 218
　　거친 말을 무지개 방울로 바꾸는 마법 『누군가 뱉은』

05 장애가 있는 친구에 대한 이해와 공감이 필요할 때 · 229
　　같은 시선으로 바라보기 『파닥파닥 해바라기』

06 시끄럽고 때론 무질서한 우리 반, 교사의 무능으로 느껴질 때 · 239
　　모두가 행복한 학교 공동체 만들기 『너저분 선생님과 깔끔 선생님』

07 서로 존중하는 우리 반을 만들고 싶을 때 · 251
　　너와 나의 수상한 보물찾기 『수상한 우리 반』

08 서로 돕고 사랑하는 기쁨을 가르쳐 주고 싶을 때 · 260
　　우리가 가진 미덕 보석 찾기 『당신의 빛』

들어가며

 학교라는 공간에서 선생님들은 어떻게 살아가고 있을까? 교사와 학생, 학부모가 함께 만들어 가는 교실은 살아 있는 유기체와 같다. 절대 불변의 고정된 모습이 아니라는 거다. 어떤 날은 잔잔한 바다였다가 어떤 날은 비바람에 거센 파도가 휘몰아친다. 날마다 좋은 일만 일어나면 더할 나위 없겠지만, 교실에서의 삶은 녹록하지 않다. 우리의 교실은 바람에 흔들리는 파도처럼 위로 아래로 출렁이며 나아간다.

 어느덧 아이들을 가르친 지 16년 차 교사가 되었다. 그동안 다른 선생님들이 교실에서 어떻게 생활하는지 궁금할 때면 옆 반이나 다른 학년 교실을 창문 너머로 엿보았다. 여기서 중요한 건 엿보기만 했다는 점이다. 한 걸음만 앞으로 내디디면 교실 문을 열고 서로 이야기를 나눌 수도 있었지만, 그 한 걸음의 용기를 내지 못했다. 다른 선생님들은 어떨까. 나처럼 망설이며 각자의 교실에서 각자의 고민을 끌어안고 살고 있지는 않을까.

정현종 시인이 쓴 「섬」이라는 시가 있다. 단 두 줄뿐인 시를 읽으며 현재를 살아가는 선생님들의 마음을 짐작해 본다. 예전 학교에서 특수 선생님과 통합 학급에 관해 이야기하던 중 특수 선생님이 갑자기 이렇게 말씀하셨다. "선생님, 저는 학교에서 혼자라는 기분이 들 때가 종종 있어요." 나 역시 아이들이 집으로 돌아가고 혼자 교실에 남겨지면 그런 생각이 들 때가 있다. 선생님이라면 누구나 이런 경험이 있을 것이다. 다른 섬과 연결되지 못하고 홀로 떨어진 기분, 분명 눈앞에 보이는데 건너가지 못하고 바라만 보는 기분 말이다.

학교에서 어떤 모습으로 생활했는지 떠올려 본다. 아이들과 함께하는 내 모습이 마음에 드는 날도 있지만, 하루를 잘 보내지 못했다는 생각에 마음이 무거운 날도 있다. 마음이 맑았던 날은 수업이 순조롭게 이루어지고 아이들과의 관계가 좋아 학급이 잘 돌아가는 느낌이다. 반대로 마음이 어두웠던 날은 수업도 엉망진창이고 아이들을 제대로 교육하지 못해 학급이 어수선했다. 심리학 용어에 '부정성 효과(Negativity effect)'라는 말이 있다. 사람들은 대체로 긍정적인 정보보다 부정적인 정보에 더 비중을 두고 상황을 평가한다고 설명한다. 한번 생각해 보자. 학급을 잘 운영한 날보다 부족하다고 느낀 날이 더 잘 떠오를 것이다. 교사로서 잘해 내지 못한 나의 모습에 괴로워진다.

스위스 신학자 칼 바르트(Karl Barth)는 "우리의 가슴 속에 고뇌가 없다면 우리의 입술에 노래도 없을 것이다"라고 말했다. 여기서 고뇌는 고민과 비슷한 의미를 지닌다. 고민의 사전적 의미를 찾아보면 '마음속으로 괴로워하고 애를 태움'이라고 나온다. 그렇다면 왜 마음속으로 괴로워하고 애를 태우는 일이 발생할까? 고민은 어떤 일을 행하려고 할 때와

행했을 때 일어난다. 교사들의 고민은 더 나은 방향으로 향하기 위한 몸부림인 것이다. 지금에 만족해 더는 생각할 필요가 없다면 교사들의 고민도 없을 것이다. 우리 모두는 각자의 자리에서 다양한 고민을 안고 살아간다. 수업을 고민하고, 아이들을 바르게 성장시키기 위해 고민하고, 학급 아이들끼리의 관계를 고민하고, 때로는 아이의 가족 관계 때문에 고민한다. 이처럼 다양한 고민을 끌어안고 있는 선생님들의 마음을 똑똑 두드리기 위해 이 책을 기획했다.

그림책으로 아이들을 만나고 수업을 계획하면서 다른 선생님들은 어떻게 수업하는지 내내 궁금했다. 주위를 둘러보면 그림책 수업을 하는 분은 많은데 함께 이야기할 기회가 없었다. 서로 멀리서 바라만 보는 섬처럼 말이다. 떨어져 있는 섬을 조금이라도 연결하고 싶어서 '그림책 아틀리에 36.5'라는 연구회를 만들고 함께할 선생님들을 모았다. 교실 이야기를 나누고 싶은 마음으로 시작한 모임이 끊어지지 않고 4년 동안 꾸준히 운영되고 있다. 그 안에서 나눴던 온기 가득한 이야기들을 동료 선생님들과 함께 밖으로 꺼내 놓기로 했다. 아이들을 가르치면서 생기는 수업에 대한 고민, 학급이 잘 운영되지 않아 마음이 무거웠던 날들, 어떻게 하면 아이들의 성장을 도울 수 있을지에 대한 고민 등을 나누기로 했다.

이 책에는 아이들을 가르치는 교사들이 한 번쯤 가졌을 24가지 고민을 담았다. 특수한 사례보다는 교실에서 많이 일어나는 일들을 중심으로 고민을 추리고, 그림책을 활용해 고민에 대한 나름의 처방을 내리려고 노력했다. 중요한 건 이들 처방이 정답은 아니라는 점이다. 전국의 선생님들 수만큼 존재하는 교실은 각자의 문화와 환경을 가지고 있다. 그렇기에 같은 고민이라 하더라도 선생님에 따라 해결 방법 역시 다를 것이다. 다만 고민을 조금이나마 줄이고 학급을 바르게 세우는 여러 방법 가운데 하나로 이 책을 읽어 주면 좋겠다.

24가지 고민은 세 가지 주제로 묶었다. 첫 번째는 그림책 수업에 관한 고민을 해결하기 위한 '그림책 수업 용기 북돋우기'다. 그림책 수업을 어떻게 시작할지부터 그림책과 교과를 연결하는 방법, 그림책 창작 활동을 이어 나가는 방법 등에 관해 이야기한다. 두 번째는 교실 속 아이들의 마음을 어루만지는 '마음의 어려움 다독이기'다. 자존감이 낮은 아이부터 항상 이기고 싶어 하는 아이, 몸과 마음의 변화로 혼란스러운 사춘기 아이들을 어떻게 지도하면 좋을지 그림책을 통해 들여다본다. 세 번째 주제는 '관계의 어려움 보듬기'다. 부모와 학급 친구들, 또 담임 선생님과의 관계를 좋게 만들기 위한 실천 방법들을 일러 주는 그림책과 활동을 소개한다.

이 책을 쓰기까지 고민이 많았다. 어떤 고민을 다루어야 선생님들께 더 도움이 될지 숙고했고, 그 고민들을 어떻게 풀어 가면 좋을지 글을 쓴 선생님들과 의논했다. 각자의 섬에서 힘들어하는 선생님들에게 한 줌의 용기를 주겠다고 시작한 일이 생각보다 큰 고민으로 다가와 힘든 순간도 있었음을 고백한다.

자신의 이야기를 진솔하고 아낌없이 담아 준 선생님들이 떠오른다. 각자가 끌어안고 있던 고민을 그림책을 빌려 들려주신 용기에 감사드린다. 그리고 이제 24가지 고민을 마주할 여러 선생님들에게 외치고 싶다. "용기를 내, 비닐장갑!" 우리는 얇은 비닐장갑이지만 안에는 무엇이든 채울 수 있고 어디든 자유롭게 갈 수 있는 소중하고 고유한 존재들이니까*.

2023년 10월
채봉윤

---

* 『용기를 내, 비닐장갑!』 유설화 글·그림, 책읽는곰

Ⅰ. 그림책 수업 용기 북돋우기

# 01 그림책 수업을
시작하고 싶은데 막막할 때

평범한 일상에 생기를 불어넣는 힘 『구름공항』

😟 **고민 샘** 교실에서 아이들과 그림책을 읽고 수업하는 선생님들을 보면 저도 해 보고 싶은 생각이 들어요. 하지만 막상 도전하려니 어떤 그림책을 읽고 어떻게 수업을 시작해야 할지 모르겠어요.

🙂 **무지개 샘** 저도 처음엔 그랬어요. 몇 년 전만 해도 제게 인상 깊은 그림책은 옛이야기 그림책 몇 권이 전부였답니다. 아이들의 삶에 가닿는 수업을 하고 싶었지만 제가 가진 그림책 자원이 많지 않아 어려움이 있었지요.

😟 **고민 샘** 그림책 수업을 잘 몰라 위축되기도 하고, 어디에 물어봐야 할지도 막막합니다.

🙂 **무지개 샘** 저마다 그림책의 경험치와 태도는 다를 수 있다고 생각해요. 저도 제 일상을 마주하며 그림책을 접하기 시작했어요. 제가 그림책과 친해질 수 있었던 이야기를 들려 드릴게요.

고민
그림책을 우리 삶과 연결해 수업하고 싶은데 어떻게 하면 좋을까요?

그림책 이야기

#일상에 와닿는 그림책 발견하기

어른도 아이도 아무런 연결 고리 없이 낯선 무언가를 받아들이기는 쉽지 않다. 그림책도 마찬가지다. 교사가 되고 나서 몇 년 동안은 교실에서 그림책을 읽을 일이 없었다. 수업에 그림책을 들여올 생각을 못 했기 때문이다. 그러다 저학년 담임을 맡았을 때 도서관 서가에 꽂혀 있던 그림책을 교실로 가져와 아이들에게 읽어 주었다. 이런 방식으로 그림책을 읽어 줘도 되나 하는 의문이 들던 중, 커뮤니티와 블로그, SNS에 올라와 있는 그림책 서평과 그림책 수업 활동 후기를 접하게 되었다. '어떻게 저런 생각을 했을까?' 선생님들이 구성한 그림책 후속 활동 자료들의 창의성에 감탄했다. 괜찮아 보이는 그림책 수업 자료를 무작정 따라 해 보았지만 생각처럼 되지 않았다. 실패와 좌절을 반복하다 보니 그림책 수업 구성은 엄두도 나지 않았고, 주변만 서성거리는 느낌이었다.

『구름공항』
데이비드 위즈너 글·그림,
시공주니어

그렇게 그림책 수업의 막막함이 더해 갈 무렵 '그림책 연구회(그림책 아틀리에 36.5)'를 알게 되었다. 그리고 연구회 선생님들의 그림책 이야기는 그림책 수업으로 향하는 나의 첫 번째 연결 고리가 되어 주었다. 연구회에서는 다양한 그림책과 활동을 주고받을 수 있었다. 무엇보다 선생님들이 나누어 준 그림책 활동은 소소한 일상

『Cloud Babies』
Eoin Colfer 글,
M Chris Judge 그림,
Walker Books Ltd.

Ⅰ. 그림책 수업 용기 북돋우기

의 경험들로 가득했다. 특별하고 대단한 무언가를 해야 할 것만 같던 생각이 바뀌는 순간이었다. 그리고 나도 내 일상을 바라봄으로써 그림책을 마주하기 시작했다.

종일 교실에서 아이들과 고군분투하고 오후가 되어 학교를 나서던 어느 날, 현관에서 바라본 하늘이 괜히 낯설고 어색했다. 마침 방과후를 마치고 나오던 아이들도 내 옆에 서서 하늘을 올려다보았다. 아주 잠깐이지만 위로받는 기분이었고, 문득 도서관에서 하늘을 소재로 한 그림책을 찾아 아이들과 수업해 보고 싶어졌다. 생각해 보면 대부분의 그림책 소재는 일상의 소소한 것들이다. 나를 둘러싼 주변을 살펴보자. 내가 바라보고 있는 소재는 무엇인가.

#일상의 소소한 순간을 새롭게 표현한 그림책

그림책 『구름공항』과 『Cloud Babies』의 작가도 그들의 일상에서 그림책 소재를 찾았다. 그리고 이야기에 자신의 일상을 녹임으로써 독자에게 섬세한 위로와 공감의 재미를 선물한다.

글과 그림이 함께 있는 그림책을 어른의 시선으로 읽다 보면, 글이 주는 명확한 흐름이 그림을 들여다보기 어렵게 만들 때가 있다. 책을 덮고 나면 글 내용만 생각난다. 이처럼 그림을 보기 어려울 때는 글 없는 그림책을 추천한다. 글 없는 그림책은 그림에 오롯이 집중할 수 있고, 정답이 없어 편안하게 읽을 수 있다.

> "이 작품은 '살펴보면 살펴볼수록 더 많은 것이 보인다'는 스토리와 비전에 대한 데이비드 위즈너의 방식이 담긴 탁월한 구현물이다."
> _《퍼블리셔 위클리Publshersweekly》의 『구름공항』 칼데콧상 심사평에서

그림책 『구름공항』의 주인공 소년처럼 우리 마음 한 켠에는 나만의 특별함을 찾고 싶은 욕구가 있다. 첫 페이지의 그림을 보며 내 일상을 이입해 보았다. 춥고 비 오는 날 나는 김 서린 창문에 뭘 그렸던가. 또 우리 반 아이들은 뭘 그릴까 묻고 싶어졌다.

빌딩을 견학하던 한 소년이 꼬마 구름을 만나 인사를 나눈다. 서로 통한다는 느낌이 들었을 때, 꼬마 구름이 소년을 구름공항으로 데려간다. 똑같이 생긴 구름만 만들어 내던 구름 발송 센터에서 소년이 그린 다양한 구름 모양은 환영받지 못하고, 소년은 급기야 쫓겨나고 만다. 여기서 우리는 새롭게 시도한 무언가를 거절당했던 경험을 떠올릴 수 있다. 하지만 자신이 진정 원하는 것을 포기하지 않는다면 마침내 원하던 것을 마주할 수 있다. 결국 소년이 그린 다양한 모양의 구름들은 하늘을 떠다니며 무표정한 사람들에게 생기를 불어넣는다. 평범한 하늘에 특별함이 가득해지는 순간이다.

#나에게 영감을 주는 것 발견하기

『Cloud Babies』는 구름을 찍은 사진 위에 그림을 그려 유명해진 일러스트 작가의 작품을 엮은 그림책이다. 책이 발간되기 전 우연히 SNS에서 활동하는 작가의 피드를 보게 되었다. 간단한 펜 터치만으로 평범한 구름을 악어로, 사람 얼굴로, 강아지로 변신시키는 작가의 참신한 아이디어에 감탄했고, 무엇보다 작품을 보며 설레고 행복했다. 마치 『구름공항』에서 본 다양한 구름을 직접 만난 느낌이었다. 이후에 올려다본 하늘의 구름은 내게 기분 좋은 상상을 선물해 주었다. 나도 직접 하늘 사진을 찍어 그림을 그리고 싶어졌다.

『Cloud Babies』는 내게 하늘을 스케치북 삼아 그림을 그리고 자유롭게 표현하도록 용기를 주었다. 하늘 한번 바라볼 여유가 없는 바쁜 아이들의 일상에 휴식을 주고 싶은 마음도 불러일으켰다. 그리고 마침내 내가 경험한 것을 바탕으로 그림책 수업을 만들어 보고 싶어졌다.

그림책 수업 활동

#나만의 하늘 담기

하늘을 보기 위해 아이들과 밖으로 나갔다. 야외 수업은 아이들의 닫힌 마음과 좁은 생각을 열어 펼치는 시간이다. 바깥바람을 쐬고 하늘을 바라보며 몸과 마음을 움직여 보았다.

- "오늘 하늘은 무슨 색인가요?"
- "하늘에 무엇이 보이나요?"

『구름공항』을 읽고 나왔다면 질문을 던지며 아이들과 이야기를 나눈다. 그림책 내용과 자신의 일상 사이에 접점을 발견했을 때 아이들의 언어 표현은 더욱 풍성해진다.

- "어떤 모양의 구름이 보이나요?"
- "내가 구름을 만들 수 있다면 어떤 모양을 하늘에 띄우고 싶나요?"

아이들은 저마다 여러 가지 구름 모양을 발견하고 말하기 바쁘다. 서로 같은 모양의 구름을 찾았을 때는 공감했다는 자체로도 기뻐한다. 나와 같은 생각을 가진 다른 사람의 마음을 아는 일은 타인에 대한 긍정적인 시선을 갖는 데 도움이 된다.

아이들의 이야기가 마무리되면 음악과 함께 하늘을 보며 상상의 시간을 갖는다. 아이들은 서서, 앉아서, 누워서 하늘을 바라보거나 옆 친구와 이야기를 나누기도 한다. 그러는 중에 자신이 만들고 싶은 구름은 어떤 모양인지 떠올린다. 아이들은 좋아하는 것, 보고 싶은 것, 먹고 싶은 것, 갖고 싶은 것을 솔직하게 표현한다. 선생님과 친구들이 자신이 원하는 것을 경청하고 긍정적으로 반응해 주면 아이들은 표현할 용기를 얻는다.

- "내가 담고 싶은 하늘을 사진으로 찍어 봅시다."
- "하늘만 찍을 수도 있고, 주변 풍경과 함께 하늘을 담을 수도 있습니다."

하늘을 충분히 관찰하고 이야기를 나눈 다음 내가 담고 싶은 하늘을 휴대폰으로 촬영해 사진을 남긴다. 학교에 구비된 패드를 활용하면 카메라에 더 큰 하늘을 담을 수 있다. 매일 보는 하늘이지만 아이들이 직접

아이들이 촬영한 하늘 사진

촬영한 순간의 하늘은 저마다에게 특별한 의미를 갖는다.

#나만의 구름 그리기

아이들에게 『Cloud Babies』를 보여 주자 하늘에 펼쳐진 기발한 구름 그림들에 탄성이 터져 나온다. 책을 보며 내가 느낀 행복함을 아이들도 느끼는 것 같다. 그림을 감상하면서 구름이 무엇이 되었는지 단어와 문장으로 표현해 글을 붙일 수도 있다. 모든 작품을 감상하고 나니 교사가 제안하기도 전에 아이들은 "구름에 그림을 그리고 싶어요!"라고 외친다. 자신의 생각과 마음을 표현하고 싶게 만드는 그림책의 힘을 다시 한 번 깨닫는다.

아이들이 찍은 하늘 사진에 그림을 그릴 차례다. 먼저 종이에 인쇄된

구름 사진에 그림 그리기

하늘 사진 위에 OHP 필름을 덧대고 보드마커로 그리면, 수정하기가 쉬워 다양한 그림을 시도해 볼 수 있다. 여러 번 그림을 그려 본 뒤 아이들은 가장 마음에 드는 모양을 선택해 인쇄한 사진 위에 그림을 완성한다.

#나만의 구름 설계도 만들기

> "나는 _____ 구름을 만들어서 _____ 하고 싶다."

그림책 『구름공항』을 읽고 '나만의 구름 설계도'를 글과 그림으로 표현하기로 했다. 이때 위와 같은 문장 틀을 주면 아이들이 문장 표현에 대한 부담감을 덜고 내용에 집중할 수 있다. 각각의 그림 설계도는 아이들 내면의 욕구를 나타낸다. 그림책이 마음을 여는 문이 되어 아이들은 자신의 삶을 스스로 들여다볼 수 있다.

그림책을 통해 작가들 역시 우리 삶의 주변을 바라보고 있음을 느낀다. 그 시선에 공감하고 내 삶과의 접점을 찾을 수도 있다. 구름을 보다가 구름 그림책을 찾게 된 것처럼, 주변에 존재하는 평범한 것들에서 새로움을 발견하고 그것에 관해 이야기하는 그림책을 아이들과 함께 보면 어떨까? 내 삶과 닿아 있는 그림책의 한 장면이 평범한 일상에 특별함을 더해 줄 것이다.

나만의 구름 설계도 만들기

▩▶ 그림책으로 '상상 펼치기' 레벨 UP! ·················

그림책『구름공항』을 읽고 '나만의 구름'을 만들며 상상을 펼치는 수업을 디자인해 보세요.

▩▶ 그림책으로 아이들과 나눌 수 있는 질문 ·················

Q1. 김이 서린 창문에 그리고 싶은 그림은 무엇인가요?

Q2. 내가 바라본 하늘의 구름은 어떤 모양인가요?

Q3. 나만의 구름 설계도를 만든다면 어떤 구름을 만들고 싶나요?

▩▶ 함께 읽으면 좋은 그림책 ·················

- 『쉿! 비구름』 김나은 글, 장현정 그림, 봄개울
- 『구름 공장』 유지우 글·그림, 책읽는곰
- 『하늘조각』 이순옥 글·그림, 길벗어린이

02 그림책과 아이들의 삶을 이어 주고 싶을 때

일상을 연결하는 공감의 말 『아 진짜』

☹ **고민 샘** 그림책을 함께 읽다 보면 학급 아이들이 그림책 장면을 보고 어떤 생각을 하는지 궁금할 때가 있어요.

☺ **무지개 샘** 그림책에는 우리의 다양한 삶이 담겨 있죠. 아이들도 그림책을 읽으면서 자신의 삶을 비추어 보고 공감하는 순간이 있을 겁니다.

☹ **고민 샘** 그런데 막상 아이들에게 자신의 생각을 이야기해 보라고 하면 어려워해요. 입을 닫아 버리기도 하고요. 어떤 그림책을 어떻게 읽고 활동하면 좋을지 잘 모르겠습니다.

☺ **무지개 샘** 그림책 속에 아이들이 자신의 이야기를 꺼낼 수 있는 연결 고리가 있다면 수월하겠지요. 저와 함께 그림책과 삶의 연결 고리를 찾아보실래요?

고민

그림책으로 아이들이 자신의 이야기를 표현할 수 있게 도우려면 어떻게 해야 할까요?

그림책 이야기

#마음으로 그림책을 읽는 태도

53제곱미터의 좁은 교실 한 칸에는 25명의 삶이 흘러넘친다. 학급 담임으로 교실에 들어서는 순간 한꺼번에 밀려오는 아이들의 말과 행동을 모두 받아주기가 벅찰 때도 있다. 한 명 한 명 바라보면 저마다 소중하고 의미 있는 이야기들이기에 마음을 기울이고 싶지만, 시간이 부족해 아쉬울 때가 많다. 내가 먼저 묻지 않아도 자신의 이야기를 스스럼없이 털어놓는 아이가 있는가 하면, 먼저 다가가 물어봐야 대답을 들을 수 있는 표현이 귀한 아이도 있다. 다인수 학급에서는 이런 아이들의 삶을 적절히 수용하면서 균형을 유지하는 교사의 노력이 필요하다.

아이들의 마음을 알고 싶어 교과 활동으로 글쓰기를 하지만, 제시된 지문을 읽고 문제에 답하는 교과서 형식으로는 좀처럼 아이들이 자신의 이야기를 풀어내기 어렵다는 사실을 깨달았다. 교사로서 깊은 고민에 빠졌다. '아이들이 자신의 이야기를 글로 표현하기 어려워하는 본질적인 이유는 무엇일까?'

2년 전 연구회에서 경험한 그림책 수업 나눔은 그동안 그림책을 무조건 국어 수업으로 들여와 멋지게 구현해 보이겠다는 생각으로 가득 찬 나의 태도를 반성하는 계기가 됐다. 당시 나는 의기양양하게 첫 모임을 준비했다. 차례가 왔을 때는 그림책을 읽지도 않고 수업 활동과 방법을 소개하기 바빴다. 하지만 다른 선생님들은 그림책을 먼저 소개했다. 이 그림책을 발견하게

『아 진짜』
권준성 글, 이장미 그림,
어린이아현

된 순간의 경험을 이야기하고, 감정을 담아 그림책을 읽어 내려갔다. 분명 나도 읽은 책인데 '이 부분이 이렇게 와닿았던가?' 하며 속으로 놀랐다. 책을 다 읽은 뒤에도 선생님들은 그림책을 곧바로 수업으로 가져가지 않고 각자의 삶에 와닿았던 부분을 이야기했다. 나는 어느새 대화에 푹 빠져 내 이야기를 술술 풀어내고, 옆 선생님 말에 격하게 공감하고 있었다.

수업 자료를 잔뜩 가져가 발표하기에 급급했던 나는 그림책이 가진 힘의 경이로움을 가득 안고 집으로 돌아왔다. 그림책을 통해 삶을 묻고 답하며, 처음 만난 이의 이야기에도 진심으로 공감하고 반응하게 만드는 힘은 도대체 어디서 나올까 궁금했다. 그러다 우리 아이들도 자신을 표현하고는 싶은데 물꼬를 터 줄 무언가가 없는 게 아닐까 하는 데 생각이 미쳤다. 한 사람씩 마주하고 이야기를 들어 줄 여유가 없는 선생님과 저마다 주어진 과제를 해내기 바쁜 교실에서, 우리 아이들은 자신의 삶을 표현하고 타인의 삶에 공감하기가 어려웠겠다는 생각이 들었다. 먼저 아이들의 다양한 삶을 연결해 줄 그림책을 찾아 읽어 보기로 했다.

#마음이 담긴 아름다운 말

이따금 아이들이 쪽지에 짤막한 편지를 써서 줄 때가 있다. 틀린 띄어쓰기와 맞춤법도 눈에 띄지만 굳이 바로 잡아 주지 않는다. 서툴더라도 진심을 담은 말이 더 소중하기 때문이다. 나는 아이들의 이런 말을 '마음이 담긴 아름다운 말'이라 부른다. 이런 말을 아이들이 스스럼없이 표현할 수 있게 도와주는 그림책이 있다.

그림책 『아 진짜』는 장면 내내 단 한 마디 '아 진짜'만 반복된다. 그럼에도 그림책을 한 장 한 장 넘길 때마다 아이들의 생생한 반응을 확인할 수 있다. 주인공 아이가 아침에 눈도 못 뜬 채 엄마에게 끌려가는 장면을 보며 '아 진짜'를 읽는다. 주인공과 비슷한 아침을 보낸 아이들은 자신도 모르게 '아 진짜'를 따라 읽는다. 첫 장면부터 자신의 마음을 알아줬다고 생각하는지 아이들의 눈이 반짝거리기 시작한다. 이어서 형이 간식을 뺏을 때, 형한테 졌을 때, 형보다 용돈을 적게 받았을 때, 형이 약 올릴 때, 형이 리모콘을 독차지할 때 등 모든 장면에서 아이들은 진심을 담아 "아 진짜" 하고 외친다. 그러던 중 로봇을 서로 차지하려고 형과 대치하는 장면이 나오자 아이들은 한마음이 되어 주인공을 응원한다.

"아 진짜!"

아이들은 주인공에 자신의 모습을 대입해 이야기에 깊이 공감하고 반응하고 있었다. 결국 로봇 팔 한쪽이 부러지고, 아이들은 탄식을 섞어 '아 진짜'를 읽으며 한숨을 내쉬었다. 그림책 장면에서는 부러진 로봇 팔에 속상한 주인공의 '아 진짜'와, 뜻밖의 상황에 당황한 형의 '아 진짜'가 묘하게 겹치며 읽는 재미를 더한다.

설상가상 주인공의 그림에 형이 실수로 물을 쏟고 주인공이 눈물을 쏟는 장면에서는 아이들의 격분한 "아 진짜"가 쏟아졌다. 새 로봇 장난감을 사 달라고 엄마한테 떼쓰는 장면에서 아이들은 자신의 서러웠던 경험을 털어놓았다. 그림책을 통해 자신의 감정을 솔직하게 터놓는 기적이 일어난 것이다. 아이들은 그림책도 잊고 서로의 이야기에 귀 기울였다. 그림책은 주인공이 생일에 새 로봇을 선물 받고 반전의 '아 진짜'를 읊조리며 끝을 맺는다. 아이들로 하여금 기분 좋게 책을 덮게 만드는 기막힌 결말이다. 『아 진짜』는 아이들이 쉽게 공감할 만한 일상을 다양한 장면으로 제시한다. '아 진짜'라는 단 하나의 문장으로 모든 상황을 아우르는 점도 매우 흥미롭다.

그림책 수업 활동

#상황과 감정 연결 짓기

그림책의 장면과 주인공이 느꼈을 감정을 연결해 보았다.
- "어떤 상황인가요?"
- "주인공이 느꼈을 마음은 무엇일까요?"

저학년 아이들은 다양한 감정을 언어로 표현하기 어려울 수 있어 '아홉 살 마음 카드'를 활용했다. 아이들은 감정 단어를 살펴보고 장면에 어울리는 감정을 찾아 연결했고, 활동이 끝나고 나서는 '아 진짜'라는 말로 여러 감정을 표현할 수 있음을 이해했다. 같은 말이라도 억양이나 말투 같은 비언어적인 표현으로 말의 느낌이 달라진다는 사실을 알게 된 것이다.

그림책 장면에 어울리는 감정 고르고 그림으로 표현하기

감정 카드에 대한 이해를 높이기 위해 자신이 고른 감정에 어울리는 표정을 사람 쿠키 도안에 그리게 했다. 감정은 표정뿐 아니라 색깔과 모양 같은 요소로도 드러낼 수 있기 때문이다.

#내 삶의 '아 진짜' 장면 만들기

아이들에게도 '아 진짜'를 외치는 다양한 상황이 있다. 책을 읽는 도중에 "저도 그런 적 있어요!"라고 말하는 아이가 있다면 구체적으로 표현할 수 있게 도와준다. 그러면 아이들이 자신의 경험을 떠올리기 수월해진다.

- "어떤 상황이었나요?"
- "내가 느꼈던 마음은 무엇인가요?"

아이들이 경험을 곧바로 떠올리지 못할 때는 충분히 시간을 준다. 무언가 표현하지 않아도 그림책 내용과 자신에 관해 깊이 생각해 보는 시간이 되기 때문이다. 때로는 그림책 소재를 달리하거나 주인공 모습을 바꾸어 표현해 보자고 유도할 수도 있다. 자신의 감정을 온전히 표현하기가 낯선 아이들에게는 어느 한 부분을 바꾸어 표현해 보는 활동이 더 편안할 수 있다.

그림책 장면을 나의 상황으로 재구성하기

■▶ '나의 삶'을 그림책 장면에 담아 보는 수업 디자인하기 ·················

그림책 『아 진짜』를 읽고, 아이들의 삶을 그림책 장면에 담아 보는 수업을 디자인해 보세요.

■▶ 그림책으로 아이들과 나눌 수 있는 질문 ·····················

Q1. 나에게 '아 진짜' 하는 순간은 언제인가요?

Q2. '아 진짜' 하는 순간 내가 느낀 감정은 무엇인가요?

■▶ 함께 읽으면 좋은 그림책 ································

- 『내 마음 ㅅㅅㅎ』 김지영 글·그림, 사계절
- 『호라이』 서현 글·그림, 사계절
- 『사랑 사랑 사랑』 맥 바넷 글, 카슨 엘리스 그림, 김지은 옮김, 웅진주니어

03 글을 읽어도 내용을 이해 못 하는 아이가 있을 때

그림책과 문해력의 연결 고리 『모기와 춤을』

😟 **고민 샘** 수업 시간에 교과서에 제시된 글을 읽는데, 내용을 이해하지 못 하는 아이들이 꽤 많아요. 제가 제대로 못 가르치는 건지…. 어떻게 하면 아이들의 문해력을 향상시킬 수 있을지 머리가 복잡하네요.

🙂 **봉봉 샘** 아이들이 글을 제대로 이해하려면 문해력이 뒷받침되어야 해요. 단순히 글자를 읽는 것이 아니라 글 속에 담긴 의미를 이해해야 하니까요. 문해력은 아이들이 삶을 살아가는 데 기본이 되는 힘이에요. 요즘 그림책과 문해력을 어떻게 연결하면 좋을지 고민하는 선생님도 많이 계시더라고요.

😟 **고민 샘** 저도 아이들에게 그림책을 가끔 읽어 주기는 하는데, 그림책으로 문해력을 높일 수 있나요?

🙂 **봉봉 샘** 그럼요! 그림책을 활용해 문해력을 기르는 방법을 알려 드릴게요.

고민

글을 읽어도 내용을 이해 못 하는 아이들이 많아요. 어떻게 문해력을 기를 수 있을까요?

그림책 이야기

#신나게 노래 부르고 놀며 문해력 기르기

'문해력'이 교육계의 주요 키워드로 떠올랐다. 2021년 EBS에서 방영한 〈당신의 문해력〉은 교육계뿐 아니라 한국 사회 전체에 큰 파동을 일으켰다. 2021년부터 2022년까지 '문해력'이라는 용어를 담은 책들이 꾸준히 출간된 점 역시 문해력의 중요성에 공감한다는 의미로 이해할 수 있다. 그런데 문해력이 무엇일까?

일반적으로 문해력은 '글을 읽고 의미를 이해하는 능력'을 가리킨다. 조병영 한양대학교 국어교육과 교수는 언어에는 두 가지 기능이 있다고 말한다. 하나는 기호고, 나머지 하나는 의미다. 기호는 한글을 구성하는 원리를 이해해 읽고 소리 낼 수 있는 능력으로, 해독과 관련이 깊다. 한 번 익혀 두면 별도의 노력을 기울이지 않아도 자연스럽게 발현된다. 자동차 운전을 처음 배울 때를 떠올려 보자. 처음에는 긴장해서 차를 안전하게 운전하는 데만 주의를 집중하지만, 기술이 숙련되면 큰 주의를 기울이지 않고도 운전을 할 수 있다. 반면에 의미는 시간이 지남에 따라 계속 성장하는 능력이다. 우리가 일반적으로 말하는 독해력에 조금 더 가깝다. 여기서 말하는 문해력은 해독과 독해 능력을 모두 포함하는 개념이다. 기호 기능을 바탕으로 의미를 형성하고 이해하는 능력까지 나아가는 것이 문해력 교육의 목표다.

『모기와 춤을』
하정산 글·그림, 봄개울

문해력을 향상시키기 위해 우리는 다양한 작품을 끌어올 수 있다. 그중에서도 그림책은 글과 그림이 서로 이야기를 보완해 주기 때문에 아직 한글을 해독하지 못하는 아이에게도 사용하기 좋다. 그림책과 문해력이 연결 고리를 가지게 된 것은 결코 우연이 아닌 셈이다.

그림책 『모기와 춤을』은 초등 저학년도 쉽고 재미있게 다가갈 수 있다. 한글을 해독하지 못해도 그림을 보고 어떤 내용인지 예상하고 추측하는 것이 가능하다. 한여름 밤 텐트 안에 찾아온 불청객 모기로 인해 벌어지는 한바탕 소동은 아이들의 흥미를 끌고, '모기'를 주제로 이야깃거리를 만들어 소통하기에 적격이다. 살면서 모기에 한 번도 물리지 않은 사람은 없으니 말이다. 텍스트도 "똑똑! 누구십니까? 손님입니다. 들어오세요" 같은 노래 형식으로 구성돼 있어, 리듬감과 운율을 살려 신나게 읽을 수 있다. 모기를 잡으려는 가족들과 잡히지 않고 피를 빨아먹으려는 모기의 대결, 결과는 어떨까? 가족들이 모기를 잡고 편안히 잘 수 있을지 궁금해진다. 그림책을 읽을 때 모기가 어디에 숨었는지 찾아보고, 장면마다 등장하는 달 토끼도 주의 깊게 본다면 더욱 흥미진진한 그림책 읽기가 된다.

그림책으로 문해력을 기르려면 아이들을 그림책에 푹 빠져들게 만드는 것이 가장 중요하다. 그림책에 몰입하는 순간이 있어야 문해력 향상이라는 다음 단계로 나아갈 수 있기 때문이다. 그림책을 통한 문해력 수업의 핵심은 책에 호기심을 갖고 머무는 시간을 만드는 데서부터 출발한다고 생각한다.

그림책 수업 활동

#그림책에 몰입하는 시간 만들기

아이들은 작가와의 만남을 참 좋아한다. 그림책 수업을 하면서 처음에는 그림책에 별 관심이 없던 아이도 학교에 작가님이 온다는 이야기를 들으면 귀가 솔깃해져 그림책을 유심히 들여다본다. 어떤 아이는 작가님이 언제 오는지 계속 묻는다. 교사는 아이들이 이런 모습을 보일 때 그림책 수업의 보람을 느낀다. 아이가 그림책에 관심을 보이는 마법 같은 순간이니 말이다.

『모기와 춤을』을 한 권씩 나눠 주며 슬쩍 작가와의 만남 이야기를 꺼냈다. 역시 아이들이 눈을 반짝이기 시작한다. 시작이 좋다. 책을 펼치려는 아이를 말리면서 일단 표지에 머물도록 안내했다. 그림책 『이 책을 절대로 열지 마시오!』(미카엘라 먼틴 글, 파스칼 르메트르 그림, 홍연미 옮김, 토복)가 생각난다. 사람들은 하지 말라고 하면 더 하고 싶어 한다. 그림책을 얼른 보고 싶은 마음이 들도록 일부러 뜸을 들이며, 『모기와 춤을』의 앞표지와 뒤표지를 살피면서 보이는 내용을 말하게 한다. 표지를 대충 보고 넘기는 아이들이 있기에, 표지를 관찰해서 찾은 내용을 활동지에 최대한 많이 적는 미션을 주는 것도 좋다. 아이들은 표지에 보이는 것과 그 속에 담긴 의미를 곧잘 찾아낸다.

"모기가 주인공일 것 같아요."

"검은 얼굴의 이상한 사람들이 있어요."

"모기가 달 토끼에게 갔어요."

이야기가 전개되는 장소는 어디일 것 같냐는 물음에 한 아이가 대답한다.

"한쪽에 텐트가 그려져 있어요. 아래에 동물들이 숨어 있는 걸 보니 가족이 숲에 캠핑 온 것 같아요."

이렇게 그림책의 표지만 잘 살펴도 많은 것을 알아낼 수 있다. 문해력 수업의 첫걸음은 그림책에 푹 빠지게 만드는 것, 그리고 제대로 보게 하는 것부터 시작해야 한다. 물론 제대로 천천히 보게 만드는 일이 쉽지는 않다. 표지 관찰이 끝나면 제목과 표지 그림을 통해 작가가 어떤 이야기를 썼을지 예상하는 시간을 갖는다. 글을 쓰기 어려운 저학년은 말로 하고 교사가 칠판에 내용을 적은 뒤 다 같이 이야기 나눈다. 글을 쓸 수 있는 아이들은 표지에서 관찰한 내용을 토대로 그림책에서 어떤 내용이 펼쳐질지 예상하게 하면 조금 더 편하게 글 쓰는 분위기가 만들어진다. 글을 다 쓰면 발표를 통해 다른 친구들은 어떤 생각을 했는지 들어 본다.

그림책과 문해력을 연결할 때 중요한 점은 그림책을 잘 선택해야 한다는 것이다. 『모기와 춤을』은 뒤 면지에 악보가 있고 인터넷에 노래가 올라와 있어 노래를 따라 부를 수 있는 장점이 있다. 그림책을 읽기 전 뒤 면지에 그려진 '모기와 춤을' 악보를 보며 노래를 감상하고 세 번 정도 따라 불렀다. 노래가 길지 않고 중독성이 강해 한 번 들려주어도 곧잘 따라 했다. 노래를 부른 뒤에는 자신이 예상한 내용과 비교하며 감상한 느낌을 자신의 경험과 연결 지어 써 보게 했다.

"우리 집에도 모기가 많다. 나도 많이 물린다. 하지만 모기가 오면 노래방 파티를 해서 모기에게 나를 물지 말아 달라고 말해야겠다."

_학생이 쓴 글

#그림책 낭송과 깊이 읽기

그림책에는 숲으로 캠핑 온 가족과 모기와의 한판 대결이 펼쳐진다. 글씨도 모기가 하는 말은 빨간색, 가족들이 하는 말은 노란색으로 쓰여 있어 교사와 아이들 상호 작용하며 읽기 좋다. 그림책을 읽기 전에 아이들에게 어떤 역할을 맡을지 묻고 선택권을 넘겼다. 아이들이 모기 역할을 하고 교사가 가족들 역할을 하며 번갈아 그림책을 읽었다. 텍스트가 노래를 기반으로 하기 때문에 리듬과 운율을 살려서 읽으면 더 재밌고 흥이 난다. 그림책을 읽어 나가다 대화가 필요한 장면에서는 멈춰 질문을 던지고 이야기를 나눈다. 아이들이 가장 좋아한 장면은 가족들이 얼굴에 플래시를 비추고 말하는 부분이다. 모기가 "죽었니? 살았니?"라고 물으면 가족들이 "살았다"라고 대답하고, 모기는 "꺄악!" 하고 소리를 지른다.

『모기와 춤을』 속에는 흉내 내는 말이 많다. 아이들과 그림책을 살펴보며 흉내 내는 말을 찾아서 적은 뒤 발표하는 시간을 가졌다. 칠판에 아이들이 말한 내용을 마인드맵을 활용해 적고, 그중 여덟 가지 말을 선택해 '띠빙고 놀이'를 했다.

<'띠빙고 놀이' 방법>
1. A4 용지를 세 번 접어서 여덟 줄을 만든다.
2. 단어 여덟 개를 무작위로 쓴다.
3. 돌아가면서 한 단어씩 부르고, 부른 단어가 맨 위와 맨 아래에 있을 때만 그 단어를 떼어 낸다.
4. 단어 여덟 개가 전부 손에서 사라지면 "빙고"를 외치고 우승자가 된다.

띠빙고 놀이를 마친 뒤 자신이 적은 흉내 내는 말 중 일부를 활용해 한 문장 만들기 활동을 했다. 글쓰기를 어려워하는 아이도 한 문장 정도는 크게 부담을 느끼지 않고 써 나간다. 처음에는 한 문장으로 시작해 조금씩 양을 늘리는 것도 문해력을 향상시키는 좋은 방법이다. 문해력은 읽고 이해하는 데서 끝나지 않고 자신의 생각을 쓰는 것까지 포함하기 때문이다.

아이들이 책에 몰입해 배움이 일어나게 하려면 실생활에서 겪은 경험과 연결 짓는 과정이 필요하다. 미국 철학자이자 교육학자 존 듀이(John Dewey)는 진정한 흥미의 개념에 관해 이렇게 말했다. '학습자와 학습 내용이 분리되지 않고 내재적 연관을 맺는 것, 학생의 현재로부터 배워야 할 교과를 연결 짓는 것'이라고 말이다. 살면서 모기에 물린 경험은 다들 있을 것이다. 힘을 덜 들이고 글을 쓰게 돕는 방법은 글의 주제를 자신의 경험과 연결시키는 것이다. 모기 알레르기가 있는 아이는 그 사실을 바탕으로 한 편의 글을 완성했다.

"새벽 2시…. 우리 집에 위이잉~ 애애앵~ 내 주위를 맴도는 모기 한 마리가 있었다. 아빠를 깨워 모기를 찾았다. 모기 귀신인가…. 아무리 찾아도 없다. 난 모기 알레르기가 있어 물리면 아주 많이 붓는다. 그래서 이불을 뒤집어 쓰고 잤다. 아침에 일어나 보니 결국 모기에 물려 있었다. 긁다가 상처가 났다. 간지러움은 어쩔 수가 없다."

_학생이 쓴 글

그림책을 깊이 읽는 방법은 최대한 그림책 속 내용을 가지고 질문하는 것이다. 가족들이 모기를 잡기 위해 변신을 하고 파리채와 에프킬라

등 다양한 모기 퇴치제를 총동원한 부분을 보여 주며, 모기에 물리지 않는 자신만의 방법이 있는지 물었다. 아이들이 말한 모기에 물리지 않는 방법은 아래와 같다.

"에프킬라를 세 번 뿌려서 화생방을 만들어요."
"제 몸에 전기 모기 채를 붙여서 접근을 못 하게 해요."
"이불을 쓰고 누워 있어요."
"모기장을 치고 그 안에 누워요."

한 명씩 자신의 방법을 소개하고 질문을 주고받으며 생각을 교환하는 과정에서 문해력의 씨앗이 싹튼다.

#그림책으로 표현 확장하기

책을 다 읽고 나서는 책을 읽으면서 궁금했던 점이나 더 알고 싶은 점, 작가에게 궁금한 점 등을 질문으로 만들어 보면 좋다. 질문을 만드는 과정은 책 내용을 제대로 이해했는지 확인하고, 글의 행간에 담긴 의미를 파악하게 돕는 방법이기도 하다.

그림책 장면을 가지고 다양한 활동을 전개하는 것도 그림책을 즐기는 방법 중 하나다. 그림책 속 한 장면을 콜라주 기법으로 표현하는 활동을 했다. 그림책의 다양한 장면 중 하나를 선택하는 과정도 아이들이 책을 자세히 살피는 기회가 된다. 검은색 도화지와 흰색 도화지를 한 장씩 나누어 준다. 흰색 도화지에 캐릭터를 그리고 색칠한 다음 가위로 오려서 검은색 도화지에 붙인다. 그런 다음 오일 파스텔로 배경을 그리고 색칠하면 완성이다. 완성된 작품을 칠판에 전시하고 차례로 감상하며 그 장면을 선택한 이유를 들어본다.

콜라주 기법으로 그림책 한 장면 표현하기

　그림책에 나온 캐릭터가 되어 보면서 문해력을 기를 수도 있다. 나와 다른 존재가 되어 보는 것은 생각의 축을 다른 쪽으로 이동시키고, 새로운 눈으로 세상을 바라보는 경험을 제공한다. 이번에는 사람이 아닌 모기 입장에 서 보기로 했다. 자신이 모기가 되었다고 가정하고 그림책에 나온 쪽쪽 식당 메뉴판을 바꿔 보았다. 검은색 도화지에 흰색 펜으로 모기 식당 메뉴를 새롭게 구성했는데, 재미있는 메뉴판이 나왔다. 사람의 신체 부위 가격을 구체적으로 적고, 환경 보호를 위해 개인 컵을 준비하라는 내용도 담고, 영업 시간까지 꼼꼼히 챙겨 넣었다.
　그림책을 활용한 문해력 수업에서 가장 중요한 점은 아이들의 문해력 발달 단계를 고려하는 것이다. 지금 내가 가르치는 아이들의 수준을 정확히 알고 그에 적합한 그림책을 활용해야 효과가 있다. 그림책을 선택할 때는 세 가지를 고려하자. 첫째, 아이들을 몰입시키는 재미와 흥미가

쪽쪽 식당 메뉴판

있는가. 둘째, 아이들의 실생활과 관련 있는 내용인가. 셋째, 그림책 내용이 아이들 수준에 적절한가 등이다. 결국 문해력 발달의 핵심은 그림책을 읽고 내용을 이해하는 과정에 있다. 투입한 만큼 결과가 바로 나오지 않기에 힘들고 지난할 수 있지만, 그림책을 꾸준히 읽어 주고 함께 이야기 나누고 글 쓰는 과정을 차근차근 거친다면 문해력의 싹이 쑥쑥 자라날 것이다.

✏️ 그림책으로 '문해력' 레벨 UP!

그림책 『모기와 춤을』으로 문해력을 올리는 수업 활동을 디자인해 보세요.

✏️ 그림책으로 아이들과 나눌 수 있는 질문

Q1. 만약 내가 모기라면, 나를 잡으려는 사람에게 무슨 말을 하고 싶을까요?

Q2. 그림책 장면 중 가장 마음에 든 장면을 선택하고, 그 이유를 말해 볼까요?

Q3. 가족들과 캠핑 갔을 때 모기가 텐트에 들어온다면, 어떤 방법을 사용해 모기를 잡을 것 같나요?

✏️ 함께 읽으면 좋은 그림책

- 『도시 가나다』 윤정미 글·그림, 향출판사
- 『나는 뿡, 너는 엉!』 존 케인 글·그림, 이순영 옮김, 북극곰
- 『단어 수집가』 피터 H. 레이놀즈 글·그림, 김경연 옮김, 문학동네

04 학기 초 그림책으로 학급 세우기를 하고 싶을 때

그림책으로 평화로운 학급 만들기 『무리』

고민 샘 선생님, 새 학기를 앞두고 학급 운영에 고민이 있어요. 올해는 학급을 평화롭게 운영하고 싶은데, 제가 잘할 수 있을지 두려운 마음이 앞서요.

봉봉 샘 저도 그래요. 경력이 있는 교사도 매년 2월이면 되풀이하는 고민이에요. 저는 학기 초에 그림책으로 학급 세우기를 하려는데, 같이 해 보면 어떨까요?

고민 샘 그림책요? 제가 그림책을 잘 몰라서요. 어른이 되고는 그림책을 읽어 본 적이 없어요.

봉봉 샘 선생님 마음을 충분히 이해해요. 저도 처음에는 그랬거든요. 제가 도와드릴게요. 학급 세우기에 도움을 주는 그림책들이 많아요. 우리 조금씩, 천천히 해 봐요.

고민

새 학기 학급 운영을 어떻게 할지 고민이에요. 그림책으로 평화로운 학급을 세우는 방법이 있을까요?

Ⅰ. 그림책 수업 용기 북돋우기   43

그림책 이야기

#평화로운 학급 세우기에 그림책이 좋은 이유

"그림책은 어린이들에게 창의성, 상상력, 감정 인식, 언어 및 읽기 능력, 문화적 이해 그리고 가족간의 유대감을 높여 줍니다."

_에릭 칼(Eric Carle)

에릭 칼은 세계적으로 유명한 그림책 『아주아주 배고픈 애벌레』(에릭 칼 글·그림, 김세실 옮김, 시공주니어) 시리즈를 펴낸 미국 작가다. 그는 그림책이 아이들에게 좋은 점에 관해 위와 같이 말했다. 에릭 칼이 말한 여러 단어 중 '감정 인식'과 '문화적 이해', '가족간의 유대감'에 담긴 내용을 알아보자.

새 학교에 입학하거나 새 학년에 올라오는 아이들은 그 전의 익숙했던 세계를 떠나 낯선 세상에 발을 들여놓게 된다. 모든 것이 달라진 곳에서 아이들은 설렘도 있지만 불안이라는 감정도 함께 느낀다. 부모가 아이를 품에 안고 그림책을 읽어 주면서 유대감과 정서적 안정을 만드는 것처럼, 교실에서 선생님은 아이들에게 그림책을 읽어 주며 교실 속 유대감을 강화할 수 있다. 그림책 속의 아름다운 그림과 선생님이 들려주는 언어는 아이들의 감정 발달에 도움이 된다. 즉, 불안한 마음을 낮추고 정서적으로 평온하게 만든다. 또 서로 다른 가족 환경과 문화에서 살아온 아이들은 책을 읽

『무리』
히로타 아키라 글·그림,
허하나 옮김, 현암주니어

고 생각을 나누는 과정에서 나와 다른 존재를 이해하기 시작한다. 학기 초에 그림책으로 학급 세우기를 하면 좋은 이유가 에릭 칼의 저 문장에 모두 담겨 있다.

   많은 학급이 학기 초에 일 년 동안 함께할 학급 운영 방향을 세운다. 선생님이 중점을 두는 교육 철학에 따라 새로운 학급에 들어온 아이들에 대한 환대, 학급에서 지켜야 할 규칙, 수업에 참여하는 바른 자세와 태도, 친구와의 관계, 함께하는 학급 만들기 등을 이 시기에 다루게 된다. 전에 4학년을 맡았을 때는 2주 정도 시간을 들여 '봉헤라자데의 십 일 그림책'(열흘 동안 그림책으로 학급 세우기 활동을 진행하는 프로그램)을 운영하기도 했다. 1학년과 함께하는 지금은 입학 초기 적응 활동 시간을 활용해 그림책과 연계한 학급 세우기 활동을 진행했다.

   학급 세우기를 하기 위해 그림책을 선정할 때는 자신이 맡은 학급 아이들을 살펴보는 것이 꼭 필요하다. 주위에서 추천하는 그림책을 무작정 활용하기보다, 선생님이 판단할 때 우리 반 아이들에게 적합하다고 생각하는 그림책을 선정하는 것이 좋다. 학급 세우기에 활용한 다양한 그림책 중 세 권은 아래 애피타이저 그림책에서 소개하고, 이 장에서는 가장 중점을 두고 활용한 그림책 『무리』에 관해 자세히 이야기하려 한다.

   『무리』는 글이 굉장히 적은 그림책이다. 그 대신 그림을 주의 깊게 살필 필요가 있다. 장면마다 다른 캐릭터가 나오는데, 수많은 무리와는 다른 한 존재가 있다. 그림책을 읽으면서 아이들에게 다른 존재를 찾아보게 하면 눈을 크게 뜨고 집중하는 모습을 볼 수 있다. 마지막 장면에서는 개미 한 마리가 반대 방향으로 계속 걸어가는데, 한 장을 더 넘기면 각양각색의 개미들이 등장하며 무리를 이루어 살아가는 장면이 나온다. 우리 반도 아이들 각자가 빛나면서도 함께 어울리는 평화로운 학급이 되기를 바라면서, 학기 초 학급 세우기의 메인 활동을 진행했다.

그림책 수업 활동

#애피타이저 그림책 세 권과 활동들

3월 초는 의무적으로 실시해야 하는 교육이 많다. 대표적으로 학교 폭력 예방 교육이 있는데, 이 부분도 평화로운 학급 세우기 계획에 넣어서 운영하면 좋다. 초등학교에 처음 들어온 아이들인 만큼 무거운 느낌보다는 유쾌하고 재밌는 그림책이 적합할 것 같았다. 학급에서 다툼이 벌어졌을 때 어떻게 해결하면 좋을지 알려 주는 그림책을 찾았고, 1학년 아이들에게 『안 돼 삼총사』(나카야마 치나쓰 글, 하세가와 요시후미 그림, 장지현 옮김, 천개의바람)를 읽어 주었다. 이 책에는 아이가 셋 나오는데 이름이 각각 '안 돼', '안 된다', '안 된당께'다. 세 친구가 함께 다니면서 싸움이 벌어진 곳마다 가서 자신의 이름이기도 한 구호를 외친다.

"안 돼! 안 된다! 안 된당께!"

책을 읽은 뒤 그림책에서 가장 마음에 든 장면을 선택하고 이야기를 나누었다. 그런 다음 반 친구 얼굴 그리기 활동을 했다. 반 아이들의 이름이 적힌 쪽지 중 하나를 무작위로 고르고, 해당 이름을 가진 친구 얼굴을 자세히 관찰하게 했다. 주의할 점은 바로 얼굴을 그리라고 하지 말고, 1분 정도 친구 얼굴을 쳐다보게 하는 것이다. 특히 1학년들은 교실이 낯설고 친구들 이름을 기억 못 하는 경우가 많기 때문이다. 종이를 한 장씩 받은 아이들은 그림을 그리기 전 자신이 그릴 친구 이름을 크게 부르며

『안 돼 삼총사』를 읽고 친구 얼굴 그리기

활동을 시작했다. 얼굴을 다 그리면 그림을 칠판에 붙여 서로의 작품을 감상하고, 클레이를 활용해 친구 이름도 만들었다.

교실에서 다툼이 일어나는 이유는 대부분 서로에 대한 이해가 부족하기 때문이다. 친구와 대화를 나누고 서로를 알아 가는 과정이 교육과정 속에 자리 잡는다면, 학교 폭력이 없는 평화로운 학급 만들기에 한 발 다가서리라 생각된다.

두 번째는 '무엇이든 할 수 있는 우리 반'을 떠올리며 그림책 『무엇이든 할 수 있는 손 손 손』(정연경 글, 김지영 그림, 책속물고기)을 준비했다. 1학년 수준에 맞게 글씨가 크고 내용도 길지 않아 읽어 주기에도 부담이 없다. 손의 다양한 쓰임을 보여 주는 그림책인데, 한 장면 한 장면마다 아이들과 이야기 나누고 활동할 부분이 많아서 좋다. 책 속에 나온 손동작도 따라 하고 손으로 할 수 있는 일들을 이야기하며, 손을 어떻게 사용하느냐에 따라 의미가 달라진다는 말도 해 주었다. 손으로 할 수 있는 다양한 놀이도 함께했다. 선생님과 대결을 원하는 아이들은 선생님과 팔씨름을, 친구들과 하고 싶은 아이는 친구들과 팔씨름을 하는 과정에서 조금 더 친해지는 느낌이 들었다. 또 팔씨름 대결을 하면서 아이들을 파악할 수 있었다. 자신 있게 나서는 아이, 질까 봐 두려워 처음부터 참여를 안 하는 아이, 한 번 해 보고 팔이 아프다며 뒤로 빼는 아이 등 놀이 하나로 아이들마다 성향이 보였다. 또 돌아가며 참참참 놀이도 하고, 한 명씩 줄을 서서 가위바위보 놀이도 하며 즐거운 시간을 보냈다.

통합 교과 활동도 연계해 진행했는데, 손이 그려진 활동지를 주고 다양한 감정을 담은 캐릭터를 그려 보는 놀이다. 1학년이지만 실수를 두려워하는 아이들이 보인다. 이때는 슬쩍 지나가는 말로 이야기해 준다.

"우리는 지금 그림대회에 나온 게 아니라 재미있는 손가락 꾸미기 놀이를 하는 거예요. 잘 그리려고 하지 말고 즐기는 마음으로 하는 것이 중요합니다."

『무엇이든 할 수 있는 손 손 손』의 마지막 활동으로 손가락 도장으로 친구 표현하기를 했다. 준비물은 스물네 가지 색이 들어 있는 도장(모둠별)과 A4 용지 한 장(개별), 드로잉펜(개별)이다. A4 용지를 접어서 여덟 칸을 만들고 각자 다른 색의 도장에 엄지손가락을 찍어 얼굴을 만든다. 도장이 마르면 드로잉펜으로 반 친구들 얼굴을 꾸민다. 얼굴이 완성되면

손가락 도장으로 친구 얼굴 표현하기

아래에 친구 이름을 적고 서로 공유하는 시간을 갖는다.

세 번째는 교실과 복도에서 아이들이 안전하게 다니도록 『사뿐사뿐 따삐르』(김한민 글·그림, 비룡소)를 읽어 주었다. 이 책은 조명을 어둡게 하고 목소리 강약을 조절해 읽어 주면 좋다. 동물들이 크게 소리를 낼 때는 큰 목소리로, 따삐르가 사뿐사뿐 걸을 때는 작은 목소리로 읽어 주면 아이들이 그림책에 더 잘 집중한다. 표범이 따삐르 가족을 노릴 때와 사냥꾼이 나타날 때는 긴장감을 고조시키기 위해서 긴박하고 빠른 목소리로 읽는다. 아이들에게 교실과 복도에서 뛰지 말라고 백 번 이야기하는 것보다 『사뿐사뿐 따삐르』 같은 그림책을 읽어 주는 편이 훨씬 효과적이다. 교사가 일방적으로 아이들에게 지시하면 잔소리처럼 들리지만, 그림책 내용을 끌어와 이야기하면 아이들 스스로 따삐르처럼 행동하는 모습을 볼 수 있다.

그림책을 읽고 두 가지 활동을 했다. 첫 번째는 학급 인원에 따라 적절하게 모둠을 만들고, 1학년 교실에서 6학년 교실까지 발소리를 내지 않고 사뿐사뿐 다녀오는 미션이다. 이때 중요한 것은 다른 학년 아이들에게 걸어가는 모습을 들키면 안 된다. 이 미션은 『미리 준비하는 1학년 학교생활』(최정아 글, 이유승 그림, 교육과실천)에 나온 내용을 바탕으로 일부를 바꾸었다. 모둠이 모두 교실로 돌아온 뒤에는 다음 활동을 위해 도서관으로 이동했다. 두 번째는 여섯 가지 색의 대형 천을 가지고 그림책 내용을 몸으로 표현하는 연극 활동이다. 모둠을 두 개 만들고 그림책 내용을 읽어 주면 아이들이 몸으로 대사를 표현하는 것이다. 현실 세계와 그림책 세계를 구분하기 위해 색깔 천을 사용하는데, 천을 쓰지 않으면 현실 세계가 되고 천을 쓰면 그림책 세상에 들어가는 것으로 약속했다. 천을 쓰면 다른 존재가 된다는 사실을 강조하고 시작해야 아이들이 부끄

'사뿐사뿐 따삐르' 몸으로 표현하기

럼 없이 활동에 집중한다. 또 공간을 넓게 사용하라고 일러 주면 아이들이 몸을 더 자유롭게 움직인다.

#메인 그림책 『무리』 수업 활동 세 가지

1학년 아이들과 입학 초기 적응 활동 시간을 활용해 다양한 학급 세우기 활동을 했다. 그중 그림책 『무리』는 가장 중점을 두고 진행한 수업이다. 『무리』는 평화로운 학급 세우기에 도움이 되는 그림책이라 학기 초에 아이들과 함께 보면 좋다. 교실에서 아이들과 그림책을 나누는 방법은 다양하다. 교사가 그림책을 들고 읽어 줄 수도 있고, 컴퓨터 화면에 그림책 장면을 띄우고 읽어 줄 수도 있다. 그림책이 아이들 숫자만큼 있다면 한 권씩 나눠 주고 함께 읽어 나갈 수도 있다. 이번에는 그림책이 학생들 수만큼 있어서 아이들에게 그림책을 나눠 주고 함께 읽기 시작했다.

수업 활동 1. 그림책 읽고 '나만의 개미' 만들기

　각 장을 넘길 때마다 무리 중 다른 모습과 행동을 하는 캐릭터를 찾아 손가락으로 가리키는 놀이를 했다. 상호 작용 그림책이 그렇듯 이 책도 아이들이 푹 빠져서 집중하는 모습을 보였다. 책의 마지막 장을 덮고 나서 작가가 말하고자 하는 바가 무엇인지 아이들과 이야기하는 시간을 가졌다.

　'나만의 개미' 만들기는 책을 참고해도 되지만 똑같이 그리지 않게 안내한다. 아이들에게 캘리그래피 엽서 다섯 장과 드로잉 마커를 나눠 준 뒤 개미 만들기 작업에 돌입했다. 시간이 오래 걸릴 줄 알았는데 아이들은 금방 개미 다섯 마리를 만들었다. 만든 개미를 칠판에 전시하고 감상하며 이야기를 나누었다.

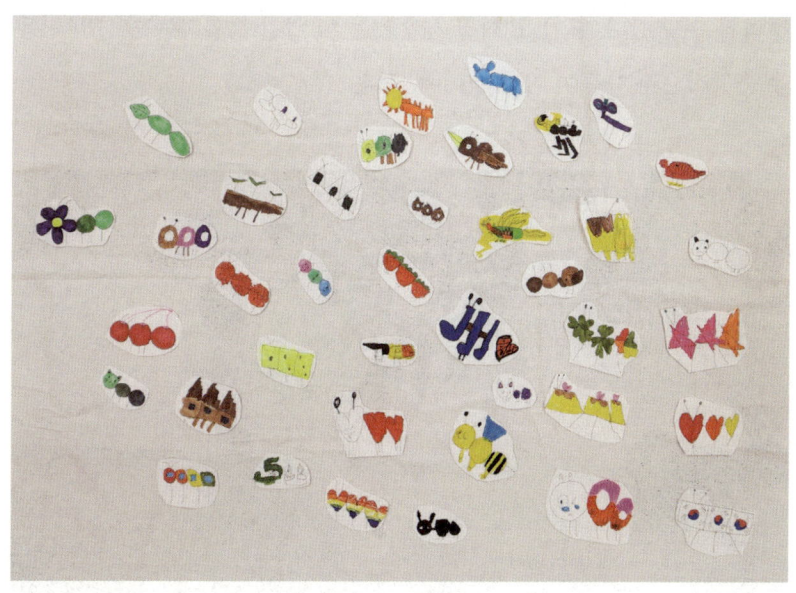

'나만의 개미' 만들기

수업 활동 2. 몸으로 스피로그래프 그리기

스피로그래프는 톱니바퀴 두 개를 돌려 나온 기하학적 무늬로, 안쪽의 작은 톱니바퀴를 바꿔 가며 다양한 모양의 그래프를 그릴 수 있다. 수학 활동에서 많이 사용하는데, 둥글게 원을 그리는 데 착안해 학급이 하나로 연결된 원이면 좋겠다고 생각해서 활동으로 기획했다.

책상과 의자를 모두 밀고 교실 가운데 빈 공간을 만들었다. 전지 열두 장을 펼쳐 테이프로 이어 붙이고, 한 명당 스노우크레용을 두 개씩 준 뒤 온몸을 활용해 원을 그려 나갔다. 아이들이 원을 그리는 동안 그림책 『무리』와 최근에 읽은 그림책 『아주 이상한 물고기』(나오미 존스 글, 제임스 존스 그림, 김세실 옮김, 올파소) 내용을 상기시키면서, 우리는 각자 다양한 모습으로 서로 연결되어 있다고 말해 주었다. 실제로 교실에는 아이들이 만들어 내는 다양한 역동이 존재한다. 이 역동은 긍정적일 수도 있고 부정적일 수도 있다. 학기 초 학급 세우기는 일 년간 생활하는 교실의 역동을 긍정적으로 만들어 가는 것이 목표다.

스피로그래프 연결해 원 그리기

아이들이 한꺼번에 원을 그릴 수 없어 세 명씩 짝을 지어 원을 그려 나갔다. 완벽한 원은 아니지만 지금 어떤 마음을 가지고 활동하는지 알 수 있게 계속 이야기를 들려주었다. 원을 어느 정도 그린 뒤에는 드로잉 마커로 주변을 꾸몄다. 작업이 끝나고 바닥에 놓인 전지를 떼어 복도에 전시했는데, 아이들이 만든 다양한 모습의 개미까지 붙였더니 거대한 미술 작품이 탄생했다.

수업 활동 3. 천을 활용해 서로 연결하기

그림책 『무리』의 마지막 활동은 『사뿐사뿐 따삐르』에서 사용했던 천을 가지고 시작했다. 아이들을 교실 바닥에 앉히고 천을 하나씩 나눠 주며 머리에 쓰게 했다. 이때 자신이 좋아하는 색을 선택하게 하면 집중도가 높아진다. 천을 머리에 쓴 채로 지난번 활동에 대한 소감을 돌아가며 나누었다. 그런 다음 서로 천을 잡아 원을 만들고 눈을 감은 뒤 친구의 에너지를 느껴 보는 시간을 가졌다. 교사가 미리 준비한 문장을 소리 내어 말하게 하면 더 효과적이다.

> "우리는 서로 연결되어 있습니다.
> 나는 다른 사람들을 돕기 위해 이 자리에 있습니다.
> 따뜻하고 단단하게 연결된 학급을 만들기 위해 나는 노력합니다."

앞으로 천천히 모였다가 뒤로 조금씩 거리를 벌려 가며 원을 유지하도록 안내했다. 중요한 것은 친구와 발맞추어 함께 움직여야 한다는 점이다. 혼자만 빨리 움직이려고 하면 천을 놓치고 원이 끊어지고 만다.

1학년 아이들은 섬세하게 움직이는 것이 쉽지 않다. 선생님 말에 따라 몸을 움직이면서 함께한다는 느낌을 갖도록 했다. 천을 잠시 내려놓고 서로 손을 맞잡고 친구의 체온을 느껴 보기도 했다. 전기 놀이처럼 교사가 지목한 학생이 손을 쥐어 친구에게 에너지를 보내면 한 바퀴를 돌아 자신에게 다시 온다는 것도 체험했다.

마지막으로 뒤로 누울 한 명과 천을 당길 두 명을 뽑았다. 다른 아이들은 천 뒤에 서서 친구가 편안히 누울 수 있게 돕는다. 불안한 마음이 있으면 몸이 굳어서 뒤로 눕지 못하기 때문에 이 활동은 친구를 믿어야 한다. 처음에는 두려워하던 아이들도 몇 번의 시행착오를 거치고 나니 친구들을 믿고 편안하게 눕는 모습을 보였다.

평화로운 학급 세우기 활동은 학기 초에 반짝 하고 끝내는 것이 아니라, 일 년 동안 교실에서 지속적으로 이루어져야 한다. 그림책을 읽어 주며 서로의 마음을 나누는 작업을 반복한다면, 어느새 하나로 끈끈하게 연결된 학급을 발견할 수 있을 것이다.

천으로 학급 연결하기 활동

✏️ 학기 초 학급 세우기를 위한 그림책 정하기

자신의 교육 철학을 생각하며 학기 초 학급 세우기를 위한 그림책 목록을 만들어 보세요.

✏️ 그림책으로 아이들과 나눌 수 있는 질문

Q1. 내가 맡은 학급이 어떤 학급이기를 바라나요?
Q2. 평화롭고 따뜻한 학급을 세우기 위해 지켜야 할 점은 무엇일까요?
Q3. 우리 반은 _____다. 왜냐하면 _____ 때문이다.

✏️ 함께 읽으면 좋은 그림책

- 『작은 틈 이야기』 브리타 테켄트럽 글·그림, 김하니 옮김, 봄봄출판사
- 『구름보다 태양』 마시 캠벨 글, 코리나 루켄 그림, 김세실 옮김, 위즈덤하우스
- 『삐뚜로 앉으면?』 이윤희 글, 손지희 그림, 다림

05 그림책을 여러 교과와 연결해 수업하고 싶을 때

그림책 활용 교육과정 재구성 『붕붕 꿀약방-반짝반짝 소원을 빌어요』

😟 **고민 샘** 그림책 수업을 일회성으로 해도 좋지만, 다양한 교과와 연결해 수업하면 그림책을 더 깊이 볼 수 있을 것 같아요.

🙂 **소다 샘** 맞아요. 교과서는 잠시 넣어 두고 그림책을 활용해 수업 내용을 재구성해 보면 어떨까요? 그림책은 글과 그림이 함께 제시되어 이해하기 쉽고, 그래서 다양한 수준의 아이들을 아우를 수 있어요. 또 우리 삶을 반영하고 있어 아이들에게 쉽게 와닿는 수업이 될 거예요. 재미도 있고요.

😟 **고민 샘** 그림책으로 수업을 재구성한다는 게 좀 어렵게 느껴지는데요?

🙂 **소다 샘** 막상 해 보면 어렵지 않고, 수업을 즐겁게 꾸려 갈 수 있어요. 제가 그림책을 교육과정에 녹여 낸 다양한 수업 사례를 소개해 드릴게요.

고민

그림책을 여러 교과와 연결해 수업하고 싶어요. 어떤 방법이 있을까요?

그림책 이야기

#사계절 시리즈 '붕붕 꿀약방'

『붕붕 꿀약방』은 심보영 작가의 사계절 시리즈 그림책이다. 봄 수업을 기획하며 관련 도서를 찾다가 발견했는데, 화려하면서도 귀여운 표지 그림과 삶을 바라보는 따뜻한 시선이 돋보였다. 징그럽다고 여길 수 있는 작은 곤충들을 사랑스럽게 표현한 작가의 마음에도 매료되었다. 예를 들어 '검은띠꼬마잎벌레'는 도복에 검은 띠를 맨 것처럼 표현한다. 그 밖에도 굴뚝알락나방, 홍단딱정벌레 등 생소한 곤충이 많이 등장한다. 책을 읽을 때 아이들이 처음 보는 곤충의 모양새와 이름에 호기심을 보였다. 검색해 보니 실제 존재하는 곤충들이다. 아이들과 함께 다양한 곤충을 찾아보는 재미도 쏠쏠하다.

『붕붕 꿀약방』 시리즈 그림책은 어린 꿀벌 '꿀비'가 떡갈나무 숲속 친구들과 함께 성장하는 과정을 그린다. 아이들은 꿀비와 친구들의 모험과 도전에 공감하며 마음을 위로 받고, 더불어 사는 삶의 소중함도 느끼게 된다. 모든 시리즈가 다 좋지만, 오늘 소개할 책은 가을을 주제로 한 『붕붕 꿀약방-반짝반짝 소원을 빌어요』 편이다. 가을을 배경으로 한 작가 특유의 섬세하고 생동감 넘치는 표현이 돋보인다. 제목에서 유추할 수 있듯이 이 책은 보름달 아래 소원을 비는 풍습 같은 추석에 관한 내용도 담고 있다. 그래서 '가을'과 '추석'을 주제로 다양한 교과와 연결하기 좋다. 가을꽃, 낙엽, 가을 제철 음식, 추석 풍습, 더불어 사는 삶의 가치 등 다양한 내용으로 수업이 가능하다.

『붕붕 꿀약방
-반짝반짝 소원을 빌어요』
심보영 글·그림, 웅진주니어

이 책에서 가장 감명 깊은 부분은 꿀비가 호박벌과 함께 소원 사탕을 날리는 장면이다. 처음에 꿀비는 자신보다 덩치도 크고 똑똑하며 뭐든지 다 잘하는 것 같은 호박벌을 부러워하고 질투한다. 그런데 정작 '잘 못 난다'는 호박벌의 고민을 듣고 꿀비는 호박벌과 함께 소원 사탕을 날려야겠다고 생각한다. 떡갈나무 숲 친구들도 힘을 보탠다. 친구들은 큰 널판을 가져와 널뛰기를 하며 호박벌과 꿀비가 하늘 높이 날아오를 수 있게 돕는다. 꿀비는 호박벌이 떨어지지 않게 안아 주고, 호박벌은 마침내 소원 사탕을 날린다. 환한 보름달 아래 뿌려지는 소원 사탕을 반짝반짝 빛나는 소재로 표현한 장면은 정말 아름답다. 하지만 더 아름다운 것은 꿀비와 떡갈나무 숲 친구들이 나눈 우정과 배려가 아닐까?

#교육과정 재구성

「2022 개정 교육과정」에서는 학교와 교사의 주도적이고 자율적인 교육과정 운영, 빠르게 변화하는 미래를 대비하는 미래 지향적 교육, 학생 개별적 특성에 따른 맞춤형 교육을 강조한다. 이를 위해 교사는 교육과정 문해력을 통해 교육과정 재구성을 할 수 있어야 한다. 교과서로만 하는 획일적인 수업에서 탈피해 학급 아이들의 특성에 맞는, 현재 시대상에 적합한, 교사의 교육관에 따른 다채로운 교육과정을 수립해 수업으로 구현해 낼 수 있어야 한다.

특수 교육은 이전부터 개별화교육계획(IEP)을 수립해 맞춤형 교육을 실시하고 있다. 특수 학급에서는 한 학급에 다양한 학년과 수준의 학생이 함께 있어, 하나의 수업 주제를 가지고 수준별로 학습 목표와 평가를 세분화해 수업한다. 중증 장애일수록 성인기의 자립 생활이 교육의 중요한 목표이기 때문에 삶과 맞닿은 생활 중심 교육과정을 수립해 운영하기도 한다. 또 개정된 특수 교육 교육과정은 '일상생활 활동'을 신설해 앎과 삶이 일치하는 교육과정 운영을 강조한다.

특수 학급 운영 첫해에, 학년도 수준도 특성도 너무 다른 아이들을 데리고 수업하는 것이 무척 힘들었다. 교과서, 학습지, 다양한 선생님들이 공유해 준 자료를 활용해 보았지만, 하루살이 수업에 그칠 뿐 아이들의 삶을 반영하기는 어려웠다. 그런데 1급 정교사 연수에서 만난 봉봉 샘과 그림책은 나를 신세계로 인도했다. 그림책이라는 매개체를 교과에 연결하니 삶과 맞닿은 의미 있는 수업이 되었고, 수준이 제각기 다른 아이들을 아우를 수 있었다. 그래서 지금은 그림책을 활용한 열두 달 주제 중심 교육과정을 수립해 아이들과 신나게 수업하고 있다. 아이들이 "오늘은 또 무슨 수업해요?" 하고 기대에 차서 물을 때마다 짜릿함과 뿌듯함을 느낀다. 앞으로 소개할 수업 사례들을 살펴보면 어렵게만 보이던 교육과정 재구성이 더 친근하게 느껴질 것이다.

그림책 수업 활동

#국어 교과

국어는 그림책을 활용해 수업하기 가장 적합한 교과목이다. 나는 계절 주제를 꼭 넣어서 교육과정을 재구성한다. 그 이유는 창밖을 내다보거나 밖에 나가면 계절을 쉽게 느낄 수 있고, 일상생활에 많은 영향을 미쳐 아이들에게 크게 와닿기 때문이다. 가을은 풍성한 계절인 만큼 주제와 연계할 수 있는 활동들도 풍성하다.

첫 번째 활동은 '가을 단어 빙고' 게임이다. 가을과 관련된 단어 카드를 색칠하고 잘라서 빙고 판에 올려놓은 뒤 친구들이 부른 단어 카드를 뒤집는다. 세 개의 빙고를 먼저 완성한 사람이 이긴다.

두 번째 활동은 '가을 단어 몸으로 말해요' 게임이다. 앞에 나온 친구가 가을 단어 카드를 하나 뽑아 몸짓으로 설명하고, 아이들은 그 몸짓을 보고 단어를 알아맞히면 된다.

세 번째 활동은 '가을이 되면' 게임이다. '시장에 가면' 게임과 비슷한데, "가을이 되면 ○○도 있고, ○○도 있고"라고 말하며 앞서 나온 단어를 모두 이어서 말하는 방식이다. 이 게임은 기억력과 집중력을 높일 수 있어 인지 발달에도 효과적이다. 발달 장애 등 인지 수준이 낮은 학생이라면 단기 기억 능력이 떨어져 활동이 어려울 수 있다. 그래서 특수 학급에서 한글을 익히는 단계의 아이들과 활동할 때는 단어 카드를 칠판에 하나씩 붙여 가며 차례로 보고 읽게 하는 방식으로 게임을 진행한다. 반복적으로 카드를 읽는 것만으로도 교육 목표를 달성할 수 있기 때문이다. 게임을 활용해 수업할 때는 아이들이 흥미를 느끼며 학습하는 것이 중요하기 때문에, 개별 학습 수준과 특성에 맞게 활동을 조정할 필요가 있다.

네 번째 활동은 '가을 단어 메모리' 게임이다. 이 활동 역시 기억력과 집중력 발달에 도움이 된다. 게임 전에 같은 단어를 두 개씩 적어 가을 단어 카드를 준비한다. 순서대로 돌아가며 두 개의 카드를 뒤집어 같은 단어 카드를 찾은 사람이 그 카드를 가져간다. 가장 많은 카드를 가진 사람이 승리한다.

다섯 번째 활동은 '가을 동시 쓰기'로, 추석 또는 가을을 주제로 동시를 창작한다. 아직 시가 생소한 아이들은 기존에 있는 동시를 변형해 창작할 수도 있다. 나의 경우에는 이규원 시인의 「송편」이라는 시에 빈칸을 넣어 동시를 창작했다. 아이들도 똑같은 어구에 자신만의 단어를 넣어 제각각 다른 시를 써냈다. 아이들이 빛나는 창의력과 감성을 마음껏 발휘하는 시간이다. 동시를 창작한 뒤 자신의 시에 어울리는 그림을 그려 시화를 완성하면 미술 교과와도 접목할 수 있다.

'가을 단어 메모리' 게임

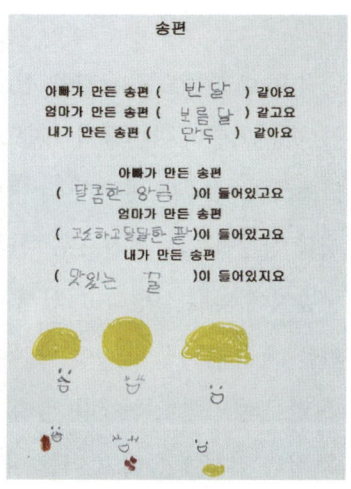
'가을 동시 쓰기'

#수학 교과

자칫 딱딱하고 지루할 수 있는 수학 교과에 그림책을 활용하면, 수학이 삶과 맞닿아 있다는 사실을 알게 되어 학습 동기를 높일 수 있다. 우리 반에 구구단을 외우고 기초 나눗셈을 잘 푸는 아이가 있었다. 그런데 문장제 문제와 나눗셈의 원리를 이해하고 풀어야 하는 문제는 유독 어려워했다. 원리부터 탄탄히 지도할 필요성을 느꼈다.

수학 교과를 재구성해 '가을 음식 나누기' 수업을 했다. 아이들의 흥미를 유발하기 위해 전 시간에 배운 가을 제철 음식인 군밤을 준비했다.

수업 도입 부분에서 문제 상황을 제시했다.

> "여기에 군밤이 아홉 개 있어요.
> 이 군밤을 세 명이 나눠 먹으려고 해요.
> 한 명이 군밤을 몇 개씩 먹을 수 있을까요?"

첫 번째 활동으로 군밤을 접시에 똑같이 나누어 담았다. 고소하고 달콤한 군밤 향이 아이들의 학습 의욕을 높였다. 군밤 개수와 접시 개수를 달리하며 여러 번 반복한 뒤 군밤을 직접 먹어 보게 했다. 두 번째로 실생활 상황을 나눗셈식으로 나타내는 활동을 했다. 나누기 기호의 뜻을 눈높이에 맞게 설명하고, 앞서 우리가 한 활동을 나눗셈식에 적용했다. 가을 제철 음식을 접시에 똑같이 나누는 다양한 상황을 제시하며 여러 번 반복해 익히도록 했다. 정리 활동은 활동지를 이용해 가을 음식 그림을 잘라 접시에 붙이고 이를 나눗셈식으로 나타내게 했다. 이렇게 하면 배운 내용을 반복하는 동시에 아이들이 이번 수업을 잘 이해했는지 평

'가을 음식 나누기' 활동지 예시

가할 수 있어 좋다.

이 밖에도 가을 음식 수 세기, 반 아이들이 좋아하는 가을꽃을 조사해 표나 그래프로 나타내기, 송편 가르기와 모으기로 덧·뺄셈 기초 학습하기, 송편 만들기로 비례식의 성질 체험하기 등 수업 주제와 성취 기준에 맞게 다양한 활동으로 응용할 수 있다.

#무궁무진 그림책 수업

국어, 수학 교과 활동을 확장해 다른 교과들과 연계할 수도 있다. 통합 교과는 계절 및 전통 풍습과 관련된 단원과 연계해 교육할 수 있다. 그림책에 나오는 전통 놀이를 직접 해 보면 그림책이 더 친근하게 느껴진다.

추석이나 가을에 관련된 미술 활동을 미술 교과와 연계하면, 교과별로 끊어지지 않고 맥락이 쭉 이어지며 학습 효과가 높아진다. 예를 들어 보름달에 소원을 비는 그림을 그리고 자신의 소원 적어 보기, 찰흙을 이용해 가을 제철 음식 표현하기, 낙엽을 이용해 머리카락 표현하기 같은 활동이 가능하다.

음악 교과에서도 악기를 연주하거나 노래를 할 때 가을 또는 추석과 관련된 곡을 선정하면 그림책의 맥락을 이어 갈 수 있다. 나의 경우엔 국어 교과와 음악 교과를 연계해 동요 가사를 필사했다. 가사를 옮겨 적을 때는 가사의 감각적인 표현과 가을에 관련된 단어들을 강조하고 반복해서 익힐 수 있게 했다. 또는 국어 교과 시간에 가을을 주제로 가사를 쓰고 나만의 음악을 작곡해 볼 수도 있다. '두들 바흐'처럼 작곡을 쉽게 해 주는 인공 지능 프로그램을 이용하면 편리하고 재미도 있다. 실과 교과에서는 송편 만들기, 가을 제철 식품으로 샐러드 만들기, 밥 짓기 같은 다양한 요리 활동에 그림책 내용을 녹여 낼 수 있다.

이처럼 그림책 한 권을 가지고 거의 모든 교과를 연계한 수업이 가능하다. 다만 이런 활동을 진행하기 위해서는 교사의 노고가 요구된다. 방학 기간인 2월에 주제를 선정하고, 교과 내용을 주제와 성취 기준에 적합한 활동들로 재구성하고, 교과 단원도 재배열하거나 통합할 수 있어야 한다. 이런 과정이 어렵다면 오늘 수업할 교과 내용과 관련된 그림책을 활용하는 것도 방법이다. 교사의 노력과 열정이 가득 담긴 수업은 아이들의 기억 속에 보다 의미 있게 자리 잡고, 즐겁고 행복한 시간으로 기억될 것이다.

▶ 그림책 중심의 '교육과정 재구성' 레벨 UP! ·····························

그림책 『붕붕 꿀약방-반짝반짝 소원을 빌어요』를 교육과정에 녹여 내 수업을 디자인해 보세요.

▶ 그림책으로 아이들과 나눌 수 있는 질문 ·····························

Q1. '가을' 하면 생각나는 꽃은 무엇인가요?

Q2. 다른 친구와 나를 비교하며 속상해한 적이 있나요?

Q3. 추석 보름달을 보며 빌고 싶은 소원은 무엇인가요?

▶ 함께 읽으면 좋은 그림책 ·····························

- 『알밤 소풍』 김지안 글·그림, JEI재능교육
- 『모모모모모』 밤코 글·그림, 향출판사
- 『추석에도 세배할래요』 김홍신·임영주 글, 조시내 그림, 노란우산

06 교실에서 환경 교육을 시작할 때

환경에 대한 위기의식 기르기 『이제 나는 없어요』

😟 **궁금 샘** 교실에서 나오는 쓰레기 문제로 아이들과 이야기를 나누었는데, 환경 위기에 공감하지 못하는 아이가 많아 걱정됩니다. 날마다 환경 오염으로 인한 문제가 곳곳에서 들려오는데, 직접 체감하지 못해서인지 "지구를 지키자, 환경을 보존하자"라고 말해도 남의 일로만 생각해요.

🙂 **전 샘** 매우 공감하는 고민이에요. 미래 교육에 환경 교육이 중요한 주제로 떠오르고 있지만, 막상 현장에서 어떻게 시작해야 할지, 어떻게 가르쳐야 할지, 저도 고민이 많습니다.

😟 **궁금 샘** 맞아요. 환경 교육에 관한 도서와 연수가 많아지고 있는데, 교실에 어떻게 접목해야 하는지는 속 시원하게 말해 주지 않아 답답해요. 선생님은 환경 교육을 어떻게 시작하셨나요?

🙂 **전 샘** 초등학생을 대상으로 환경 문제의 해결책을 찾는 수업은 어려워요. 아이들의 발달 특성을 고려해 환경 문제의 위기감을 인식하는 데 집중하고 해결책을 함께 고민하는 정도가 적절하다고 생각해요. 머릿속에 물음표를 갖고 있다가 아이들이 자라면서 고차원적인 해결책을 찾아갈 수 있도록 기본을 다져 주는 거죠. 환경 수업에 그림책을 적용하면 자연스럽게 위기의식을 느끼게 할 수 있

	습니다.
😟 궁금 샘	그림책을 통해 환경 교육을 시작하는 거군요! 선생님은 어떤 책을 이용하셨는지 궁금해요.
🙂 전 샘	제가 교실에서 아이들과 읽은 책을 소개해 드릴게요.

고민

환경에 대한 위기의식을 못 느끼는 아이들이 많아요. 환경 교육을 어떻게 시작하면 좋을까요?

그림책 이야기

#이야기를 통해 환경 위기 느끼기

환경 교육은 미래 교육의 핵심 역량 중 하나다. 「2022 개정 교육과정」은 기후·생태 변화 등에 대한 대응 능력 및 공동체적 가치를 함양하는 교육을 강조한다. 다행히도 사회는 환경 교육의 중요성을 진즉부터 강조하였고, 그와 관련한 책 출간도 증가하는 추세다. 주제도 다양해 환경 감수성, 동물권, 쓰레기 문제, 환경 오염 등 다양한 책을 만날 수 있다. 학교 현장에서 필요한 것은 우리 아이들에게 맞는 책을 선정하고 환경 교육과 연결해 이야기를 나누는 일이다.

사전에서 정의하는 환경 교육은 '환경에 관한 문제를 바르게 인식하고 환경 보전을 위한 구체

『이제 나는 없어요』
아리아나 파피니 글·그림,
박수현 옮김, 분홍고래

적인 실천 능력을 개발하기 위한 교육'이다. 이 정의에 따르면 환경 교육의 시작은 환경 문제를 바르게 인식하는 것이라고 볼 수 있다. 초등학생을 대상으로 하는 환경 교육에서 이론 위주의 딱딱한 수업 진행은 오히려 거부감을 줄 수 있다. 이럴 때 답을 주는 것은 역시 그림책이다.

『이제 나는 없어요』는 초등학교 저학년도 쉽게 이해할 수 있다. 글밥은 다소 많지만 친근한 대화체로 쓰여 아이들에게 읽어 주기도 좋다.

"나는 딱따구리 중에서 제일 크고 제일 잘생겼지. 황제처럼 위대했어."

_본문에서

이처럼 동물이 화자가 되어 자신의 이야기를 들려주는 형식으로 진행되어, 아이들은 멸종 위기 동물이 처한 상황에 공감하며 책을 읽을 수 있다.

표지에 나오는 새와 물고기는 언뜻 보면 웃고 있지만, 제목은 '이들이 없다'고 말한다. 책에 나오는 동물들은 멸종되어 제목처럼 이제는 존재하지 않는다. 무분별한 개발에 따른 서식처 파괴, 기후 변화로 인한 먹이 감소, 인간에 의한 과도한 포획 등 책에 나오는 동물들이 멸종된 이유는 다양하지만, 결국 그 상황을 만든 원인은 하나다. 바로 인간의 욕심이다.

"우리의 고향인 자와섬은 심각하게 병들어 갔어.
우리는 먹을 것을 구할 수 없어 굶주렸지.
가끔 배가 너무 고파 사람들이 있는 농장으로 들어갔지만,
그곳에서 우리를 기다린 건 인간이 놓은 독극물이었어."

_본문에서

자신들의 처지를 비관하기보다는 담담하게 고백하듯 전하는 동물의 사연에 안타까움이 더 진해진다. 동물마다의 사정, 그들이 사라진 이유 그리고 인간에게 던지는 메시지를 담은 글을 읽어 나갈수록 숙연해지는 아이들의 모습을 발견할 수 있다.

그림책 수업 활동

#동물의 멸종 위기 원인 생각하기

책을 모두 읽지 않고 몇몇 동물을 골라 읽어 주고, 아이들에게 일주일 시간을 주어 책을 자세히 읽어 보게 한다. 아이들은 주변에서 볼 수 없는 동물들에 흥미를 느끼고, 특히 그들의 생김새와 낯선 이름에 반응을 보인다. 인간이 나쁘다고 평가하는 아이들도 있다.

일주일이 지나고 모든 아이가 책을 다 읽은 것을 확인한 뒤 어떤 생각이 들었는지 이야기하는 시간을 가진다. 대부분의 아이들은 "인간이 나쁘다", "욕심을 조금 줄이면 좋았을 텐데…", "사라진 동물을 실제로 보고 싶다" 등 자신의 느낌을 밝히고, 동물이 사라지는 주된 원인은 인간의 잘못 때문이라고 결론 내린다. 다음으로는 책에 나온 동물의 멸종 원인과 우리의 생활을 연결해 보는 질문을 던진다.

- "책에서 나온 동물이 사라진 원인과 우리의 삶은 어떻게 연결되어 있을까요?"

질문이 어려웠는지 쉽게 답하지 못하는 아이들에게 일상에 가까운 질문으로 고쳐 묻는다.

- "우리가 읽고 있는 책을 만들기 위해서는 어떤 과정이 필요한지 생

각해 보세요."
- "외투에 들어 있는 털은 어떻게 얻었을지 생각해 보세요."
- "우리가 입는 옷을 만들기 위해서는 무엇이 필요한지 생각해 보세요."

아이들은 '무분별한 개발', '책을 만들기 위한 나무 베기', '과도한 동물 사냥', '외투에 충전재로 넣을 털을 얻기 위한 동물 이용' 같은 답을 떠올린다. 우리 삶과 동떨어진 이유로 동물이 멸종된다고 생각하던 아이들은 인간의 삶의 방식이 동물을 사라지게 만든다는 사실을 깨닫는다.

#멸종 위기 동물 찾아보기

1단계에서 환경 파괴의 원인을 이해했다면, 다음으로는 바로 지금 그 일이 일어나고 있다는 위기감을 인식하는 활동을 이어 간다.

"지금 멸종 위기에 처한 동물이 있습니다."

반응이 빠른 아이들은 말을 듣자마자 북극곰, 늑대, 대왕오징어 등을 입에 올린다. 물론 쉽게 말하지 못하는 아이도 있다. 아이들이 답한 동물 중 낯선 동물은 함께 검색해 보기도 한다. 아이들이 답한 동물 외에도 멸종 위기에 처한 동물을 검색할 수 있는 키워드를 함께 생각해 본다.

> #멸종위기 #멸종위기동물 #사라지는동물 #멸종위기종

아이들에게 멸종 위기 동물을 검색하는 방법을 예시로 보여 주고 '멸종 위기에 처한 동물 알아 오기' 과제를 제시한다. 많은 동물 중 가장 관심이 가는 동물을 하나 택해 그 동물의 이름, 사라지는 원인, 동물의 모

습을 함께 알아 오게 하고, 과제는 다음 미술 시간과 연계해 확인한다.

　미술 시간에 아이들이 어려워하는 것은 동물 그리기 활동이다. 과제를 내줄 때 각자 조사한 동물을 그리는 활동이 있으니, 자세히 관찰해 오라고 미리 알려 준다. 조사한 동물의 사진을 출력해서 가지고 와도 좋다. 그리기 활동의 목표는 동물을 사실대로 묘사하는 것이 아니라, 멸종 위기 동물을 생각하며 그들을 지켜 주자고 다짐하는 것이다. 그림을 잘 그리고 못 그리는 것 때문에 활동 목표가 방해받지 않도록, 그리기 활동을 시작하기 전에 이런 점을 다시 한번 강조한다.

#멸종 위기 동물 구하기

　아이들의 과제를 토대로 멸종 위기 동물에 관해 함께 이야기한다. 아이들은 친구들의 발표를 들으며 많은 동물이 사라지고 있다는 사실에 놀라고 환경에 대한 위기의식을 갖게 된다.

　미술 시간과 연계해 아이들이 조사해 온 동물을 멸종 위기에서 구해 주는 모습을 표현하는 활동을 한다. 한 손에는 열기구를 붙잡고 다른 손으로는 사라져 가는 동물의 손을 잡아 하늘로 날아오르는 작품을 만드는 활동이다. 열기구 뒤편에는 사라져 가는 동물을 구하기 위해 아이들

열기구 꾸미기

내 사진 오리기

멸종 위기 동물 그리기

이 할 수 있는 일을 적는다.

  사라져 가는 동물을 위해 아이들이 할 수 있는 직접적인 행동은 많지 않다. 지난 시간 동물의 멸종과 우리 생활과의 관계를 떠올려 보면서, 소소하지만 아이들이 직접 실천할 수 있는 방법을 생각해 보게 한다. 완성된 작품은 아이들이 수시로 볼 수 있게 게시한다. 아이들은 친구들의 작품을 감상하면서 동시에 사라져 가는 동물을 지키기 위한 친구들의 약속을 함께 확인한다. 환경에 관해 수시로 생각하도록 자극하는 것이다.

  환경에 대한 위기의식을 가지고 이를 고민하며 자란 아이는 미래에도 환경 보존을 위해 행동하는 실천가가 될 것이다. 그렇기에 교실에서 시작하는 환경 교육은 매우 뜻깊고 중요하다.

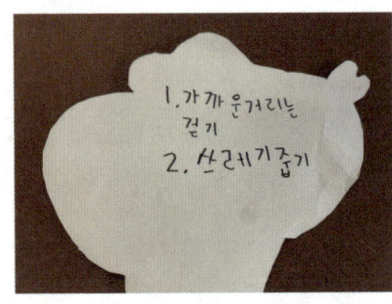

'지구 사랑 습관' 적기

작품 게시하기

✏️ 그림책으로 '환경의식' 레벨 UP!

그림책 『이제 나는 없어요』로 환경 위기의식을 끌어올리는 수업 활동을 디자인해 보세요.

✏️ 그림책으로 아이들과 나눌 수 있는 질문

Q1. 멸종 위기에 처한 동물을 찾아볼까요?
Q2. 멸종 위기에 처한 동물이 겪는 가장 큰 어려움은 무엇일까요?
Q3. 우리가 동물의 생존을 위해 할 수 있는 일은 무엇일까요?

✏️ 함께 읽으면 좋은 그림책

- 『진짜 진짜 재밌는 멸종위기동물 그림책』 사라 우트리지 글, 조 코넬리 그림, 김맑아·김경덕 옮김, 라이카미
- 『무궁화꽃이 피었습니다!』 젤리이모 글·그림, 한림출판사
- 『우리가 지켜 줄게』 쿠날 쿤두 글·그림, 조은영 옮김, 풀빛

07 아이들과 그림책 창작 활동을 꾸준히 이어 가고 싶을 때

세상에 하나뿐인 나만의 책 만들기 『특별한 책』

> 😟 **고민 샘**   그림책 수업 사례를 찾다 보니 그림책을 활용한 다양한 창작 활동이 돋보이더라고요. 선생님들의 참신한 아이디어와 결과물들이 멋지고 부러웠어요.
>
> 🙂 **무지개 샘**   맞아요. 그림책은 아이들의 상상력과 창의력을 마음껏 발휘하도록 돕는 수업 재료지요. 덕분에 저도 그림책을 활용한 창작 활동에 관심이 생겼고요.
>
> 😟 **고민 샘**   그런데 스무 명이 넘는 학급 아이들을 대상으로 그림책 창작 활동을 구성하려니, 어디서 어떻게 시작해야 할지 몰라 어렵게 느껴집니다.
>
> 🙂 **무지개 샘**   우리 반도 다인수 학급이라 그림책 창작 활동에 어려움이 있었어요. 그래도 우리가 처한 상황에서 시도할 수 있는 것을 조금씩 해 보면 어떨까요? 제가 도와드릴게요!

고민

아이들과 그림책도 만들고 꾸준히 창작 활동을 이어 가고 싶은데 어떻게 해야 할까요?

그림책 이야기

#『특별한 책』의 특별한 첫인상

평소 그림책 수업을 구상할 때 교육과정 주제나 정해진 활동에 어울리는 그림책을 선정한다. 하지만 아이들과 그림책으로 새로운 창작 활동을 시도하고 싶을 땐, 도서관 책장 앞에 앉아 눈에 들어오는 그림책을 기다린다.

책장을 둘러보다 표지에 두 눈과 웃는 입매만 덩그러니 그려진 그림책을 발견했다. 멈춰 선 내게 "한번 펴 볼래?" 하고 말을 거는 느낌이었다. 나도 모르게 손을 뻗어 펼친 그림책 앞 면지에는 '이 책은 _____의 것입니다' 라는 글귀가 쓰여 있었다. 빈칸에 내 이름을 쓰고 내 것으로 만들고 싶어져 곧바로 책을 주문했다. 어른도 소유하고 싶은 마음이 드는데, 한창 갖고 싶은 게 많은 우리 아이들에게도 이런 마음이 샘솟지 않을까?

주문한 그림책『특별한 책』이 도착했다. 그런데 도서관에서 본 그림책과 다르게 겉표지를 입고 있었다. 겉표지에는 눈구멍이 뚫려 있고, 노란 바탕에 서툰 솜씨지만 붉은색으로 꽃과 나비가 그려져 있어 생동감이 느껴졌다. 겉표지 안쪽에는 삐뚤빼뚤한 글씨로 '이것은 나의 특별한 책입니다!' 라고 쓰여 있어, 강렬한 첫인상을 전달했다. 우리와 책 사이에 연결 고리가 생기고 그림책과 창작 활동이 이어지는, 특별한 수업의 첫걸음이었다.

『**특별한 책**』
커스틴 홀 글,
다샤 톨스티코바 그림,
김서정 옮김, 미래엔아이세움

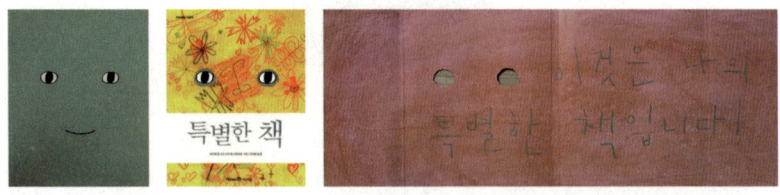

그림책 『특별한 책』의 첫인상(왼쪽부터 속표지, 겉표지, 겉표지 안쪽 면)

#『특별한 책』의 탄생 과정

이 그림책은 책의 시점에서 이야기를 끌어간다. 독자는 자연스럽게 책의 입장이 되어 책장을 넘긴다. 서점에 진열된 책은 설레는 마음으로 자신을 데려갈 사람을 기다린다. 어느 날 드디어 한 여자아이의 손에 들려 집으로 가지만, 책은 기대와 다른 감정들을 경험한다. 여자아이의 사랑을 받아 행복할 때도 있지만, 자신을 두고 강아지를 좋아하는 모습에 질투도 느낀다.

이제 책과 강아지 사이에 갈등이 벌어진다. 종이 책의 정적이고 딱딱한 물성과 강아지의 활기차고 부드러운 성질은 서로 불편할 수밖에 없다. 책은 여자아이가 자신을 소파에 던져 두고 강아지와 놀러 나가는 모습을 보며 힘들어한다.

왠지 모를 불안감과 거친 그림이 나타나고 갈등은 최고조에 이른다. 강아지가 튀긴 진흙탕 물을 책이 왕창 뒤집어쓴 것. 책은 더러워지고, 여자아이는 속상한 마음을 강아지에게 화로 분출한다. 여자아이가 느낄 슬픔과 우울함이 그림을 통해 고스란히 전해진다.

유난히 어두웠던 밤이 지나고 아침이 되자 그림이 밝게 변하고 분위기가 바뀌었다. 근심으로 가득했던 여자아이와 책의 표정도 달라졌다. 무언가 만들기 시작하는 여자아이의 모습에서 생동감이 느껴진다. 여자

아이가 만드는 것이 더러워진 책을 위한 새 옷이라는 사실을 알게 되면서 우리는 행복한 결말을 기대할 수 있다. 이 책에 입혀진 겉표지의 의미를 깨닫는 순간이다. 비로소 책은 미소를 되찾고, 여자아이의 '특별한 책'이 된다.

그림책 수업 활동

#『특별한 책』읽으며 이야기 나누기

내가 느낀 이 책의 특별한 첫인상을 아이들도 경험하기를 기대하며, 겉표지가 없는 상태의 그림책을 먼저 보여 준다. 교사는 계획한 수업 흐름에 따라 의도적으로 그림책의 제목이나 그림 등을 일부 가려 의미 전달 효과를 극대화할 수 있다.

아이들은 서로 이야기 나누며 흥미를 갖고 그림책 읽기에 참여한다. 이때 교사의 역할은 이야기 전개에 맞춰 아이들의 일상과 관련한 소재를 찾아 질문하는 것이다. 그림책을 읽으며 아이들에게 던질 만한 질문 몇 가지를 제시한다.

- "내가 애착을 느끼는 책이 있나요?"

책이 자신을 소개하는 첫 장을 읽고, 아이들에게 '애착 책'을 떠올려 보게 한다. '애착'이라는 단어와 '책'이 잘 연결되지 않으면 '애착 인형'이나 '애착 이불'을 들어 설명해도 좋다. 초등학교 아이들은 어렸을 때 양육자나 선생님이 자신이 고른 책을 읽어 준 기억을 떠올린다. 그 순간의 편안함과 행복함이 애착과 연결되기 때문이다.

- "책은 왜 기가 죽어 있을까요?"

책장을 넘기고 조금은 기가 죽은 주인공 책을 보며 요즘 우리에게 책은 어떤 느낌인지 생각해 본다. 2학년만 되어도 책은 더 이상 어른들이 읽어 주지 않고 스스로 읽어야 하는 숙제 같은 것이 된다. 그렇지만 주인공 책처럼 여전히 우리가 읽어 주기를 기다리는 책들을 떠올리며, 다시 책과 친해지고 싶은 마음을 불러일으켜 본다.

- "내가 애정을 느끼는 것은 무엇인가요?"

아이들이 좋아하는 다른 존재도 떠올려 본다. 책에 나온 것처럼 반려동물일 수도 있고 다른 것일 수도 있다. 저마다 좋아하는 대상과 이유를 말하느라 북적이는 교실을 보면 교사로서 행복하다. 아이들과 함께 그림책을 읽는 가장 큰 이유는 책을 보며 자신의 참모습을 발견하고 깊이 이해하도록 돕고 싶어서다. 그림책을 재료 삼아 그 시간을 충분히 누릴 기회를 주는 것이 우리 교사의 역할이다.

소파에 거꾸로 처박힌 책을 보면서 아이들도 책에 미안한 마음이 든다. 자신의 경험을 떠올리면서 책이 느낄 소외감에 공감하기도 하고, 책과 여자아이의 관계 변화에 관심을 보인다. 평화로운 소풍 장면에서 갑자기 흙탕물이 튀는 전환은 읽는 아이들도 흠칫 놀라게 하는 장치다. 책이 느끼는 감정에 관해 아이들과 이야기해 본다.

- "흙탕물을 뒤집어썼을 때 책은 어떤 감정이 들었을까요?"
- "책이 더러워졌을 때 여자아이의 마음은 어땠을까요?"

이때 감정 카드나 느낌 카드 같은 도구를 활용하면 아이들이 감정을 구체적으로 표현하는 데 도움이 된다. '무섭다', '당황스럽다', '화난다', '찝찝하다', '궁금하다', '신경질 난다', '속상하다', '슬프다' 등의 다양한 감정 카드를 고르며 책의 마음에 깊이 공감할 수 있다.

- "잠을 자고 난 뒤 기분이 달라진 적 있나요?"

'잠을 자고 나니 기분이 달라진 적 있나요?' 라는 물음은 아이들이 이야기 전개를 따라가도록 돕는다. 잠에서 깬 여자아이의 갑작스러운 감정 변화를 이해하기 어려운 아이들도 친구들의 경험을 들으며 이야기 흐름을 받아들인다.

여자아이가 완성한 책 겉표지를 보며 아이들이 감탄사를 날릴 때 비로소 숨겨 두었던 그림책 겉표지를 꺼내 책에 입혀 준다. 책 속 주인공이 만든 겉표지를 실물로 보는 생동감에 아이들의 눈이 휘둥그래지고 환호성이 터져 나온다. 때로는 교사의 의도적인 읽기 장치가 몰입감을 한층 높이고, 책과의 경험을 더욱 특별하게 만든다.

함께 읽는 책 읽기는 혼자일 때와는 다르게 다채로운 경험과 풍부한 감정 표현을 가능하게 한다. 아이들이 책을 덮었을 때 '나도 나만의 특별한 책을 갖고 싶다' 는 마음이 들기를 바랐다. 창작 욕구는 강요가 아닌 자발적인 동기에서 시작되기 때문이다. 오래 소장해 온 책에 깃든 다양한 감정이 이 그림책을 읽으며 되살아나고, 책은 읽고 버리는 존재가 아니라 내 손길이 머무른 소중한 추억이자 삶의 시간임을 아이들이 깨닫기를 바랐다.

#**'나만의 특별한 책' 겉표지 만들기**

다행히 책을 덮는 아이들 마음에 '나만의 특별한 책을 만들고 싶다!' 는 욕구가 피어난다. 내가 제안하기도 전에 아이들이 먼저 "우리도 만들어요"라고 외쳤다.

그림책 창작 활동 방법은 여러 가지다. 활동 결과물을 모아 학급 그림책을 창작할 수도 있고, 개인별로 스토리보드를 짜서 그림책 한 권을 창작할 수도 있다. 하지만 스무 명이 넘는 다인수 학급에서 교사 혼자 힘으로 완성도 있는 그림책을 창작하기에는 시간도 예산도 넉넉하지 않다. 몇 번의 시행착오 끝에 아이들이 한 학년 동안 꾸준히 그림책 창작 활동을 이어 갈 수 있는 '나만의 특별한 책'을 만들어 보기로 했다.

2학년을 지도할 때, 그림책 『아홉 살 마음 사전』(박성우 글, 김효은 그림, 창비)을 주제로 '마음 그림책'을 창작했다. 그림책 창작 활동을 위해서는 학기 초에 드로잉이나 캘리그래피용으로 나온 노트 중 겉표지가 있는 것을 미리 구입한다. 처음에는 활동 편의를 위해 기존의 겉표지를 활용했다. 겉표지에는 아이들 각자가 구상한 이야기에 걸맞은 제목과 그림을 표현하게 했다. 앞서 말했듯 창작 활동은 교사의 강요가 아니라 아이들이 자발적으로 참여해야 한다. 아이가 그림책 제목을 정하기 어려워하면 '마음 그림책'이라고 쓰되, 그림으로 자신을 표현할 수 있게 격려한다.

'마음 그림책'이 될 노트

'마음 그림책'의 다양한 표지와 제목들

그런데 한 학년 동안 그림책 창작 활동을 이어 가다 보면, 중간에 제목이나 표지 그림을 바꾸고 싶은 아이들이 생긴다. 『특별한 책』의 주인공 책처럼 젖거나 찢어져 훼손되는 일도 다반사다. 경험상 2학기가 시작될 때 학급 아이들의 절반 이상이 겉표지를 새로 만들기 원했다.

아이들과 함께 그림책 『특별한 책』의 맨 뒷장을 펼쳐 겉표지 만드는 방법을 살펴보았다. 그림책 장면을 참고하고 기존의 겉표지를 활용하면 수월하게 새 겉표지를 만들 수 있다. 두께감이 있는 여러 색깔의 도화지를 준비하고, 두 번째 겉표지 제작은 자신이 좋아하는 색깔을 선택하는 것부터 시작했다. 다인수 학급에서 저마다의 기호를 존중하고 싶다면 교사는 아이들이 선택하기 좋게 재료를 다양하게 제공해야 한다. 작은 것부터 스스로 선택하고 표현하는 과정에서 아이들의 자기 주도성이 성장하기 때문이다.

겉표지 작업은 크기 측정이 어려운 저학년 아이들도 쉽게 할 수 있도록 '대고 그리기'와 '대고 접기'를 활용했다. 아래에 소개한 활동 순서를 따르면 어렵지 않게 '나만의 특별한 책' 겉표지를 완성할 수 있다.

① 종이에 겉표지 대고 그리기

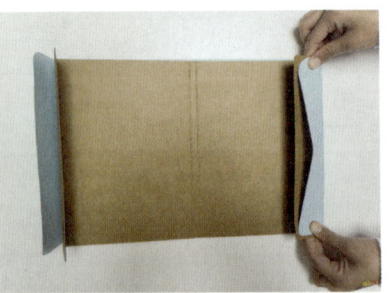
② 겉표지에 대고 종이 접기

③ 새 겉표지 꾸미기

④ 새 겉표지 입히기

'나만의 특별한 책' 겉표지 만들기

#**'나만의 특별한 책' 채우기**

새 겉표지를 입히고 그림책 내용을 채우며 창작 활동을 이어 갔다. 같은 문장 구조로 전개되는 그림책 형식을 활용하면, 나를 표현하는 단어를 넣고 문장을 완성해 그림책 장면을 만들 수 있다. 자신의 경험에 빗대어 그림책 장면을 패러디할 수도 있다. 아이들에게는 다양한 감정, 느낌, 생각들이 뒤섞여 있지만 정확한 감정 단어로 표현하기가 어렵다. 때문에 교과서에서도 여러 가지 감정을 배우고 표현하는 것을 중요하게 다룬다.

그림책 창작 활동은 아이들이 느끼는 다양한 감정을 표현하는 데 효과적이다. 그림책은 독자로 하여금 자신의 경험을 떠올리게 하고, 주인공이 처한 상황에서 느끼는 감정을 해석해 다양하게 표현하도록 돕는 도구이기 때문이다. 이를 위해 교사는 아이들의 눈높이와 관심사에 알맞은 창작 주제를 정하고, 창작 활동에 적합한 그림책을 선정해야 한다.

'나만의 특별한 책'은 한 해 동안 그림책 창작 활동을 모으는 수집 책으로 활용한다. 학기 말 차곡차곡 쌓인 한 권의 책을 돌아보며 한 뼘 더 성장한 자신을 발견하게 될 것이다.

 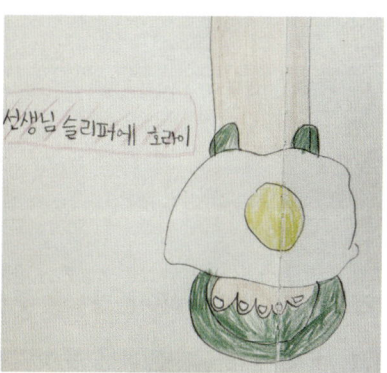

그림책 『호라이』를 패러디해 '나만의 특별한 책' 채우기

✏️ '나만의 특별한 책' 창작하기

그림책 『특별한 책』을 읽고 '나만의 특별한 책'을 창작하는 수업을 디자인해 보세요.

✏️ 그림책으로 아이들과 나눌 수 있는 질문

Q1. 내가 애착을 가진 책은 무엇인가요?

Q2. 나에게 특별하고 소중한 존재는 무엇인가요?

Q3. 소중한 책이 망가진 경험이 있나요? 그때 나는 어떻게 했나요?

Q4. 나만의 특별한 책 표지에는 무엇을 표현하고 싶나요?

✏️ 함께 읽으면 좋은 그림책

- 『붙여 볼까?』 카가미 켄 글·그림, 상상의집
- 『민들레는 민들레』 김장성 글, 오현경 그림, 이야기꽃
- 『진짜 내 소원』 이선미 글·그림, 글로연

II. 마음의 어려움 다독이기

01 자존감이 낮은 아이에게 힘을 북돋워 주고 싶을 때

소중한 내 모습 찾아 가기 『브로콜리지만 사랑받고 싶어』

😟 궁금 샘	우리 아이들이 많이 자랐는지, 외모, 성적, 습관까지 다른 아이들과 비교하면서 고민을 털어놓기 시작했어요. 제가 볼 때는 그 자체만으로 소중한 장점이 있는데 말이에요.
🙂 전 샘	정말 공감해요. 분명 그 아이만의 장점이 있는데 자꾸 자기가 못하는 것에만 초점을 맞추며 부정적인 생각을 하고 포기하는 아이들을 보면 안타까워요.
😟 궁금 샘	맞아요. 우리 반 아이 하나는 시험을 보면 점수가 낮다고 실망하고, 체육 시간에는 잘 못하겠다며 지레 포기하고, 미술 시간에도 도와 달라며 자꾸 저를 불러 대요. 잘하던 과목도 새로운 내용이 나오면 바로 포기해 버려서 걱정돼요. 아이와 어떤 이야기를 나누면 좋을까요?
🙂 전 샘	자꾸 자기가 못하는 것에만 집중하다 보니 실패 경험이 누적되어 자존감이 낮아진 것 같네요. 이런 아이에게는 작은 일부터 성공 경험을 쌓으며 자신의 소중함을 느끼게 하는 것이 중요해요. 아이의 모습을 다른 대상에 투영시켜 간접적으로 비춰 주는 것도 좋은 방법 같습니다.

> **고민**
> 자존감이 떨어져 쉽게 포기하는 아이가 있어요. 그림책으로 자신의 소중함을 알려 줄 수 있을까요?

그림책 이야기

#나만의 레시피 찾기

요즘 아이들은 정말 바쁘다. 아침 일찍 일어나 등교 준비를 하고, 학교에서 정해진 일정을 끝내면 학원을 돌며 오후 시간을 보낸다. 저녁이 다 되어서야 집에 돌아온 아이들은 급하게 밥을 먹고 부모님이 시키는 대로 학교 숙제와 학원 숙제를 끝내야 한다. 다음 날 학원에서 레벨 테스트 명목으로 시험이라도 있을라치면 그날 하루는 더 늦게 끝난다. 겨우 일과를 마치면 어느덧 한밤중. 늦게 자면 키 안 큰다는 잔소리를 들으며 아이들은 서둘러 잠자리에 들고, 몇 시간 뒤 다시 같은 하루를 시작한다.

바쁜 하루를 보내며 아이들은 어떤 경험을 했을까? 할 일을 제대로 해 냈느냐에 따라 칭찬과 꾸중이 결정되고, 나보다 시험을 잘 본 친구의 점수를 보며 혼날 걱정을 한다. 또 자신보다 여유롭게 지내는 친구들에게는 부러움과 열등감을 느낀다. 이런 아이들의 마음은 어떨까? '더 잘해야지! 조금 더 노력하자'라고 생각하는 아이는 극히 드물 것이다. 대개는 부정적인 감정에 초점을 맞추면서 스트레스가 쌓이고, 결국 자신을 존중하고 사랑하는 마음인

『브로콜리지만 사랑받고 싶어』
별다름·달다름 글,
서영 그림, 키다리

II. 마음의 어려움 다독이기

자존감이 떨어진다. 이번 그림책 주인공인 브로콜리처럼 말이다.

그림책 『브로콜리지만 사랑받고 싶어』 표지를 보면 브로콜리를 밀어내는 커다란 손이 보인다. 브로콜리는 울먹이는 표정을 짓고, 옆에 있는 고양이는 그런 브로콜리를 걱정스럽게 쳐다본다. 표지를 넘기면 양쪽 면지 가득 브로콜리를 싫어하는 사람들과 동물들의 모습이 나온다. 그들은 다른 곳을 바라보거나, 울면서 뱉거나, 손사래를 치거나, 아예 얼굴을 가리는 등 온몸으로 브로콜리를 거부한다.

이야기 속 브로콜리는 '아이들이 싫어하는 채소' 1위에 뽑힌 슬픈 주인공이다. 브로콜리는 사랑받는 채소가 되려고 열심히 노력하지만 방법이 너무 엉뚱하다.

> "소시지처럼 분홍색으로 화장도 해 보고 라면처럼 뽀글뽀글 파마도 해 봤어요."
>
> _본문에서

브로콜리가 아이들에게 사랑받고 싶어서 선택한 방법은 바로 아이들이 좋아하는 음식을 무작정 따라 하는 것이다. 소시지처럼 보이려고 분홍색 화장하기, 라면처럼 뽀글뽀글 파마하기, 사랑받는 보더콜리와 비슷하게 이름 바꾸기, 잘나가는 크리에이터 오이를 따라 방송하기. 하지만 남을 무작정 흉내 내는 브로콜리는 사랑은커녕 무시당하고 비난까지 받는다. 사랑받고 싶어서 시작한 일들이 자꾸 실패로 돌아가자 브로콜리는 점점 위축되고 자신감을 잃는다.

학급에서 브로콜리 같은 유형의 아이들이 가끔 눈에 띈다. 인기 있는 친구 혹은 좋아하는 친구의 행동이나 취향을 그대로 따라 하는 아이들

말이다. 이런 아이들은 점점 더 자신이 진짜 좋아하는 게 뭔지 모르고 자신만의 매력을 잃어 간다.

브로콜리는 결국 다른 사람에게 사랑받으려는 노력을 포기하고, 자신만의 수프를 만들어 선물로 남기고 떠나려 한다. 그때 한 아이가 지나가다가 브로콜리 수프를 먹고는 맛있다며 좋아한다. 수프로 인해 점점 인기가 많아진 브로콜리는 다음의 사실을 깨닫는다.

"그래, 바로 이거야. 따라 할 필요가 없는 거였어!"

_본문에서

그림책 수업 활동

#자존감 키우기 1단계_부정적인 생각 버리기

책을 읽은 아이들은 "나는 브로콜리 좋아해", "나도 브로콜리 잘 먹는데…" 하며 브로콜리에 대한 애정을 표현한다. 사랑받고 싶어 고군분투한 브로콜리에 감동하고 응원의 메시지를 보내는 것이다.

그림책 속 브로콜리는 설문 조사 결과에 울먹이는 상태로 등장한다. 아이들이 브로콜리를 안타까워하며 크게 공감하는 부분이다. 이와 관련해, 들으면 화가 나는 말, 내 기분을 상하게 하는 말, 생각하면 슬퍼지는 일 등 '나를 슬프게 만드는 것들'을 떠올려 보게 한다.

- "브로콜리는 아이들이 싫어하는 채소 1위에 뽑혀 슬펐어요. 여러분은 어떤 이야기를 들을 때 슬픈 감정을 느끼나요?"

아이들을 슬프게 만드는 말이나 사건은 자신과 관련된 부정적인 생각이 바탕에 있다. 의도적으로 배출해 주지 않으면 부정적인 생각이 쌓여 점점 위축되고, 우울한 감정을 느끼며 자존감이 낮은 아이로 자란다. 하지만 아이들 스스로 감정을 조절하고 긍정적인 자세를 갖기란 매우 어려운 일이다. 교사를 비롯한 어른의 개입이 필요한 이유이다.

아이들에게 빈 종이를 나눠 주고, 이름은 쓰지 말고 자신을 슬프게 하는 행동이나 말을 생각나는 대로 적어 보게 한다. 처음에 머뭇거리던 아이도 옆 친구가 적는 것을 보고 따라 적기 시작한다. 대게 부정적인 생각은 꼬리에 꼬리를 물고 연쇄적으로 일어나기 때문에, 아이들은 가속도가 붙어 종이를 빼곡히 채워 나간다.

아이들이 부정적인 생각을 충분히 뱉어 내도록 시간을 준 뒤 쓰기가 끝나면 종이를 꾸깃꾸깃 구기라고 한다. 나쁜 생각을 없애는 작업이니 모양에 상관하지 말고 최대한 힘차게 종이를 뭉쳐 보라고 응원도 한다. 마지막으로 구기고 뭉친 종이를 쓰레기통에 시원하게 던져서 버리는 것으로 활동을 마무리한다. 이 종이는 우리의 기분을 망치는 나쁜 생각들이므로, 조심스럽게 버리지 말고 힘차게 던지는 것이 포인트라고 말해 준다. 수업 시간에 종이를 마구 구기고 쓰레기통에 던져 버리는 일종의 일탈 행동을 통해 아이들은 해방감과 통쾌함을 느낀다.

풍선을 활용해 1단계 활동을 진행할 수도 있다. 아이들에게 풍선을 나눠 주고 네임펜으로 각자가 가진 부정적인 생각이나 감정을 적도록 한다. 모두 적은 다음 풍선을 서로 던지고 날리며 부정적인 생각 떨치기 활동을 한 다음, 각자의 방법으로 풍선을 터뜨려 마무리한다. 풍선에 적힌 부정적인 감정들을 때리고, 던지고, 뻥 터뜨려 없앤 아이들의 얼굴에는 즐거움과 기쁨이 가득하다.

#자존감 키우기 2단계_오늘의 나 칭찬하기

다음 단계는 부정적인 생각을 비워 낸 마음속에 칭찬을 채워 넣는 작업이다. 아이들에게 칭찬은 무엇과도 바꿀 수 없는 강한 힘을 발휘한다. 타인으로부터 받는 격려와 인정, 칭찬은 아이들의 마음이 건강하게 자랄 수 있는 원동력이다. 그리고 이에 못지않게 중요한 것이 자기 스스로에게 해 주는 칭찬이다. 스스로를 칭찬하기 위해서는 나의 모습을 객관적이고 긍정적으로 바라보는 시선이 필요하다. 이런 자세는 삶을 살아가는 데 매우 중요하지만 그만큼 어려운 일이기도 하다. 특히 소극적이고 자존감이 낮은 아이들에게는 '나 칭찬하기' 활동이 큰 부담으로 느껴질 수 있다.

'나 칭찬하기'는 아주 작은 것부터 시작한다. 자신의 좋은 점, 잘난 점, 자랑할 점 등을 칭찬하기 전에, 나의 행동을 되돌아보며 사소한 것부터 칭찬할 수 있도록 격려한다. 교사는 아이들이 학교는 물론이고 가정에서 있었던 사소한 일을 떠올릴 수 있게 돕는다. 예를 들어 늦지 않고 등교한 것, 준비물을 잘 챙겨 온 것, 급식을 골고루 잘 먹은 것, 친구한테 연

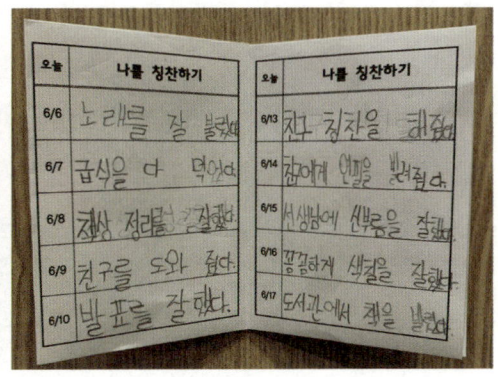

'오늘의 나 칭찬하기' 미니 북

필을 빌려준 것, 음악 시간에 노래를 즐겁게 부른 것 등 언뜻 보면 당연한 일들도 충분히 칭찬거리가 될 수 있다. 이런 활동을 통해 아이들은 자신의 하루를 긍정적으로 돌아보는 경험을 한다.

자존감 키우기 1단계와 2단계 활동은 주기를 정해 반복적으로 실행하면 좋다. 부정적인 생각을 한 번에 버리기는 힘들다. 그러므로 일주일의 간격을 두고, 매주 월요일 1교시마다 나쁜 생각 버리기 활동으로 부정적인 감정을 토해 내고 스스로를 칭찬하는 활동을 한다. 버리고 채우는 간단하지만 반복적인 활동을 통해 아이들은 자신을 긍정하는 습관을 가질 수 있다. 이와 더불어 주말에 가족들이 함께 아이가 작성한 '오늘의 나 칭찬하기' 미니 북을 보며 격려하는 시간을 갖는다면, 아이들 자존감 상승에 더욱 도움이 된다.

#자존감 키우기 3단계_나만의 행복 레시피 만들기

행복해지고 싶어 다른 이의 삶을 부러워하고 무작정 따라 하는 사람은 성공할 수 없다. 사람마다 가치관과 사고방식, 습관과 능력이 모두 다르므로 행복해지는 방법도 다르다. 그래서 자신만의 방법이 필요하다. 그림책 속 브로콜리는 사랑받고 싶어 다른 친구들을 따라 하다가 실패를 맛보고 결국 떠나기로 마음먹는다. 그러나 떠나기 직전 자신만이 할 수 있는 브로콜리 수프를 정성껏 만들었고 마침내 다른 이로부터 사랑받는 데 성공한다. 사랑받기 위해서는 그 누구를 따라 하는 것이 아니라, 자기만의 강점과 매력이 필요하다는 사실을 깨달은 순간이었다.

한 달간 자존감 키우기 1단계와 2단계 활동을 반복했다면, 미술 시간과 연계한 마지막 활동으로 '나만의 행복 레시피'를 만들어 본다. 먼저 '오늘의 나 칭찬하기' 미니 북을 넘겨 보며 한 달 동안 자신을 열심히 칭찬한 아이들을 칭찬하는 시간을 가진다. 기록을 충실히 한 아이들은 성실함을 칭찬하고, 군데군데 기록을 빠뜨린 아이들은 바쁘게 열심히 지냈다며 역시 칭찬한다.

다음으로 수많은 칭찬들 가운데 특히 칭찬받아 마땅한 세 가지를 아이들이 직접 뽑게 한다. 이 세 가지를 '나의 매력'이라 부르며 도안에 적어 넣고, 알록달록 꾸민 수프 그릇에 담아 작품을 완성한다.

'나의 매력' 쓰기

'나만의 행복 레시피'로 만든 수프

완성된 작품을 교실 뒤편에 게시하면 아이들이 오가며 친구의 레시피를 들여다본다. 누가 자신의 행복 레시피를 구경하는지 궁금해하는 아이들의 표정을 바라보는 것도 재미있다.

아이들이 스스로 뽑은 매력을 찬찬히 살펴보면, 놀랍게도 선생님이 평소 생각하는 그 아이의 장점과 대부분 일치한다. 한 달 동안 자신을 긍정적인 눈으로 보기 위해 노력한 아이들이 스스로 자신의 강점을 찾아낸 것이다. 아이들의 삶의 자세가 단번에 바뀌지는 않겠지만, 선생님과 함께하는 반복적인 활동은 아이들이 건강한 삶을 살아가는 밑거름이 되리라 믿는다. 아울러 아이들의 작은 변화를 믿고 지켜보는 과정이 선생님의 자존감을 높이는 촉매제가 되기를 기대한다.

✏️ 그림책으로 '자존감' 레벨 UP!

그림책 『브로콜리지만 사랑받고 싶어』로 아이들의 자존감을 끌어올리는 수업 활동을 디자인해 보세요.

✏️ 그림책으로 아이들과 나눌 수 있는 질문

Q1. 나를 슬프게 하는 말은 무엇일까요?

Q2. 나에게 용기를 주는 말은 무엇일까요?

Q3. 나와 주위 사람을 행복하게 만들 수 있는 나만의 매력은 무엇일까요?

✏️ 함께 읽으면 좋은 그림책

- 『술웨』루피타 뇽오 글, 바시티 해리슨 그림, 김선희 옮김, 도토리숲
- 『용이지만 괜찮아!』리사 시핸 글·그림, 고정아 옮김, 아르볼
- 『나는 빵점!』한라경 글, 정인하 그림, 토끼섬

02 무기력한 아이에게 있는 그대로 자기 수용을 알려 주고 싶을 때

역할 놀이로 표현 더하기 『그래봤자 개구리』

😟 **고민 샘** 올해 맡은 아이들은 기운이 없어요. 너무 조용해요. 보통 교실에는 방방 뜨는 아이도 있고, 말과 행동이 똑 부러지는 아이, 조용해도 자기 소신을 펼쳐 보이는 아이, 성적은 잘 안 나와도 수업에 열심히 참여하는 아이 들이 있기 마련이잖아요. 그런데 이번 아이들은 서로 눈치만 보며 발표를 하지 않고, 활동을 할 때도 대충 시간만 때우려고 하는 것 같아요. 상황이 이러니 저도 지치고, 아이들에게 제대로 동기 유발을 못 해 주는 게 아닌가 자괴감이 듭니다.

😊 **옹달 샘** 교직 생활을 하면서 저도 그런 해가 있어요. 저는 아이들의 그런 모습이 자아 존중감과 자기 정체성과 관련 있다고 봐요. 아이들의 자신감과 관련된 중요한 요소인 만큼, 어른들이 신경 써야 하지요. 저는 그림책과 역할 놀이로 아이들이 자기 마음을 표현하도록 도왔어요. 특히 역할 놀이는 아이들의 발표력과 표현력을 키우는 데 효과가 있지요.

😟 **고민 샘** 그림책을 활용해 역할 놀이를 할 수 있을까요?

😊 **옹달 샘** 자아 존중감과 자신감을 높이고 자기 정체성 확립에 도움을 주는 그림책을 소개할게요. 역할 놀이 사례도 공유하고요.

고민

아이들이 위축된 모습을 보여요. 어떻게 하면 있는 그대로 자신을 받아들이고, 자아 존중감과 자신감을 갖도록 도울 수 있을까요?

그림책 이야기

#그림책으로 역할 놀이를 하며 자아 존중감 기르기

행동 모방은 인간의 타고난 본능이다. 역할 놀이는 아이 자신이 어떤 인물이 되어 놀이를 하는 것이다. 아이들은 역할 놀이를 하며 평소 자신이 드러내지 못한 것들을 말과 행동으로 표현한다. 수업 시간에 역할 놀이를 하면서 '저 아이한테 배우 소질이 있었던가?' 하고 생각한 적이 한두 번 아니다. 아빠, 엄마, 형, 누나 등 가족 역할 놀이나 그림책에 등장하는 여러 인물의 역할 놀이를 하며, 아이는 자신의 잠재성과 자아 존중감을 키워 간다.

역할 놀이와 그림책은 어떤 연관이 있을까? 그림책은 교사가 평소 아이들의 생활 지도와 수업에 즐겨 사용하는 텍스트다. 그림책에는 아이들의 흥미를 끌 만한 등장인물, 사건과 배경이 많다. 또한 그림 비중이 커서 메시지 전달이 직관적으로 이루어진다. 그림책을 읽고 내용을 몸으로 표현하는 역할 놀이를 자주 하는데, 교실 형편에 따라 내용 범위를 조절할 수 있어서 좋다. 교사가 교육적으로 활용하고 싶은 한 장면만 역할 놀이로 활용할 수도 있고, 이야기 전체

『그래봤자 개구리』
장현정 글·그림, 모래알

를 대상으로 할 수도 있다.

자아 존중감을 주제로 한 그림책은 무척 많다. 그중 교실 상황에 맞는 그림책을 가져와 수업에 활용하면, 아이들이 그림책에서 자신과 타인을 발견하는 모습을 볼 수 있다. 여기에 역할 놀이까지 더하면, 자신을 적극적이고 능동적으로 표현해 보는 과정에서 아이들의 표현력과 자아 존중감도 향상된다. 아이들은 본능적으로 이야기를 좋아하고, 이야기를 활용한 역할 놀이도 좋아한다. 이 둘을 결합해 수업 활동을 하면 교육 효과가 배가 되지 않을까.

그림책 『그래봤자 개구리』는 아이들이 좋아하는 개구리가 주인공이다. 피부가 미끌미끌해서 징그럽다는 사람도 있지만, 보통 아이들은 툭 불거진 눈과 커다란 입에 시원하고 정겨운 울음소리를 내는 개구리를 좋아한다. 개구리를 소재로 한 애니메이션, 전래 동화, 노래, 캐릭터 상품이 많은 이유기도 하다. 이 그림책은 개구리 알이 시련을 겪으며 올챙이에서 개구리로 성장하는 모습을 보여 주는데, 개구리의 한살이를 자연스럽게 익히는 장점도 있다.

그림책 속 개구리는 뱀, 새, 삵 등의 천적으로부터 친구들이 목숨을 잃는 장면을 목격할 때마다 움츠러든다. 살아 있다는 것은 늘 위험을 가까이 두는 일일까. '그래봤자 개구리'라며 무시하는 존재들 앞에서 두려움에 압도되어 눈만 끔벅거리던 개구리. 개구리는 마침내 힘을 내 "그래, 나 개구리다!" 하고 외치며 힘차게 튀어 올라 개굴개굴 시끄럽게 울어 댄다. 우리네 인생과 닮았다. 있는 그대로 자기를 수용하며 자신감 있게 살아가려 노력하는 개구리에게 응원을 보내고 싶어진다. 그래서 이 그림책은 정체성, 자기 존중, 성장, 생태, 생명 존중 등과 관련한 수업에 활용하면 좋다.

그림책 수업 활동

#그림책을 읽기 전 흥미를 갖게 만드는 활동 계획하기

아이들이 그림책에 흥미를 갖게 하는 것이 중요하므로, 그림책을 안 보이는 곳에 두고 찾는 시늉을 하며 질문을 던졌다.

"선생님이 아까 교실에 들어와서 '알' 같은 것을 봤는데, 안 보이네. 암만 봐도 안 보여. 얘들아, 너희 알 보았니?"

"타조 알?"

"메추리 알 같은 거요?"

"힌트를 줄게. 아주 작고 미끌미끌하며 검은색에 둥근 모양의 알이야. 알에서 나오면 동그랗고 꼬리가 있단다. 이것이 자라면 뒷다리가 나오고 이어서 앞다리가 나오지. 뭘까?"

"개구리다. 개구리 알이다!"

"나와라, 오버! 짜잔~ 나와라, 얍!"이라고 말하면서 가방에서 그림책을 꺼내며 최대한 귀여운 아이 목소리로 "나 여기 있어" 하고 말한다. 아이들은 "와~ 개구리다! 그래봤자 개구리?" 하며 제목을 읽는다.

표지에 무엇이 보이는지 묻자 한 아이가 "파란색 알이 보여요" 하고 답했다. "개구리 몸에 왜 동글동글한 무늬를 그려 놓았을까?"라고 물으니 "배 속에 알이 있다고 알려 주려는 것 같아요"라는 답이 돌아왔다. 개구리와 배 속의 알을 관련지어 말하는 점이 흥미로웠다.

"제목이 '그래봤자 개구리'인데, '그래봤자'라는 말은 언제 사용할까?" 하고 물었다. 아이들은 "해 봤자 되는 일도 없어", "열심히 하지만 네가 그래 봤자지", "네가 공부를 해 봤자지" 같은 표현을 예로 들며, 부정적이고 힘 빠지게 만드는 말이라고 했다.

마음이 긴장되거나 자기 자신이 작고 부족하다고 느낄 때는 언제인지와 그 이유를 말하고, 기분이 좋아지는 자신만의 특별한 비법을 적어 보자고 제안했다. 이런 글은 아이들의 마음을 엿볼 수 있어서 좋다. 그림책을 펼치기 전에 흥미를 유발해서인지 "빨리빨리 읽고 싶어요!"라며 재촉하는 아이들도 있었다. 읽고 싶은 마음에 시동이 걸린 것이다.

자신이 작고 부족하다고 느낄 때	기분이 좋아지는 자신만의 특별한 방법
엄마가 잔소리할 때 힘들다.	맛있는 것을 먹는다.
수영장에서 수영을 배울 때 무섭다.	재미있는 일을 한다.
축제 때 사람들이 쳐다보니까 긴장되었다.	놀이터나 수영장에 간다.
선생님한테 혼났을 때 무서웠다.	소풍을 가거나 맛있는 것을 먹는다.
할 일이 많을 때 초조해진다.	강아지를 만진다.
엄마 아빠가 싸울 때 힘들다. 둘 중 누가 아플까 봐.	고양이를 만진다.
학교에서 공부를 많이 할 때, 친구가 괴롭힐 때 힘들었다. 친구가 맨날 나를 놀려서 힘들었다.	게임을 한다.
친구가 잘못해 놓고 내 핑계를 댈 때 힘들었다. 친구가 거짓말을 해서 억울했다.	밤에 몰래 운다.
모악산 절벽에 섰을 때 간이 콩알만 해져서 무서웠다.	집에 갈 때까지 도시를 부수는 게임을 한다.

#그림책 깊이 읽기

아이들이 저학년이라 그림과 글의 관계를 이해하기 힘들 수도 있어서 부연 설명을 했다. 알, 올챙이, 개구리의 마음과 아이들이 생활하면서 느끼는 감정을 관련지어서 읽어 주었다.

"개구리 알이 많이 있죠? 여러분이 엄마 배 속에서 나왔던 아주 어릴 때를 생각해 봐요. 여기 그림에서는 파란색 알이 생각이 많아 보이네. '여기는 어디일까.' 알은 자신이 어디에 있는지 모른대. 그러면 불안하겠죠?"

"아뇨. 휴대폰으로 112에 전화하면 돼요."

"근데 애는 다리도 없고 휴대폰도 없어서 움직일 수가 없어."

아이들의 엉뚱한 답이라도 무시하지 않고 그때그때 반응하며 그림책을 읽어 나갔다.

수많은 올챙이 중 파란색 올챙이가 개구리가 되어 펄쩍 뛰어오르는 장면에서는 그림 속에 있는 꼬리만 생긴 올챙이, 뒷다리만 나온 개구리, 앞다리까지 모두 나온 개구리의 모습을 하나하나 짚어 주었다. 모든 올챙이가 똑같이 자라는 건 아니며, 속도는 다르지만 결국은 모두 개구리가 된다는 사실을 알려 주었다. '올챙이 송' 노래도 불렀는데, 그림책과 노래를 연결해 활동하니 아이들이 더 즐거워했다.

개구리 아홉 마리가 연잎 주변에서 신나게 노는 장면에서는 각기 다른 개구리들 모습을 흉내 내며 개굴개굴 소리를 합창했다. 큰 새가 개구리를 잡아먹는 장면에서는 개구리들이 도망치면서 할 수 있는 말을 생각해 보자고 했다. "아~" 하고 비명을 지르는 아이도 있고, "개구리 살려~" 하고 외치며 정말로 개구리가 된 것처럼 연기하는 아이도 있었다. "큰 새 다음에 나오는 동물은 뭘까?" 하고 질문하며 아이들이 계속해서 그림책에 몰입하도록 유도했다. 아이들은 뱀, 참새 등 여러 동물을 떠올렸다. 뱀 그림이 나타나는 장면에서 뱀처럼 혀를 날름거리며 "그래봤자" 하고 읽으니, 아이들이 "개구리" 하고 다음 말을 이어받았다. "내가 너를 확 잡아먹으면 한 입 거리도 안 돼!" 하며 쉰 목소리로 뱀 흉내를 내자 아이들이 비명을 질렀다.

개구리의 놀란 표정을 지어 보고 지금 상황에서 개구리가 할 법한 말을 해 보라고 했다. 아이들은 "불쌍해!", "도망가자!" 등으로 답했다. 아이들의 놀란 표정을 보고 "표정 참 잘 짓네. 똑같다, 똑같아!" 하고 감탄했더니, 아이들은 더 신이 나서 표정을 지었고, 개구리가 몇 마리 남았는지 세어 보기도 했다. 두 번째 시련이 지나가고 개구리들이 노는 장면에서는 아이들이 "나는 개구리" 하고 개굴개굴 소리 내며 저마다 즐거운 표정을 지었다.

"세 번째 시련!"

아이들이 외쳤다. 두 번째 시련이 있었으니 세 번째 시련도 있을 거라고 느낌으로 아는 것이다. "다음엔 어떤 동물이 나올까요?"라고 묻자, 아이들은 토끼, 여우 같은 동물을 호명했다. 삵이 나오는 그림에서는 날카로운 목소리로 "내가 너를 확 잡아먹으면 나한테 한 입 거리도 안 돼!" 하자, 아이들은 또 "그래봤자 개구리"라고 크게 외쳤다. 개구리가 풀숲에 숨는 장면에서는 몸이 점점 작아졌는데 왜 그런지 물었다. "두려워서", "추워서", "무서워서", "풀숲이 커서", "무서운 곳에 있어서" 등 다양한 대답이 나왔다. "똥이 마려워서"라고 장난스레 답한 아이도 있었는데 "똥을 싸고 싶은데 무서워서 못 나갈 수도 있었겠다" 하고 받아 주니 분위기가 한층 좋아졌다.

"밤이 되었는데 너무 무서워서 나오지도 못하고 혼자 풀숲에 있으면 기분이 어떨까?" 하고 물었다. 아이들은 "누가 지켜볼 것 같다", "귀신 나올 것 같다", "누가 잡으러 올 것 같다" 등의 대답을 했다. 두려움에 떨며 밤을 지새운 다음 날, 용기를 낸 개구리가 어떤 말을 외치고 나왔을지 생각해 보자고 했다. 아이들은 "그래! 나는 개구리다!" 하고 큰소리로 외쳤다.

개구리가 알을 시원하게 몸 밖으로 내보내는 장면을 끝으로 개구리의 한살이에 관해 이야기를 나눈 다음, 아이들에게 "여러분은 이제 개구리에서 사람으로 돌아왔습니다" 하고 말했다. 아이들은 개구리 대신에 자신의 이름을 넣어 "그래! 나는 ○○○다!" 하고 외쳤다. 그림책을 덮은 뒤 가장 인상적인 장면을 뽑고, 그 이유를 나누는 시간을 가졌다.

> **아이들이 뽑은 가장 인상적인 장면과 그 이유**
>
> 어둠에 갇힌 장면이 인상적이다. 내 마음하고 비슷해서. / "그래! 나는 개구리다!"라고 외친 장면이 용기 있어 보여서 좋았다. / 뱀이 나오는 장면이 무서워서 기억에 남는다. / 개구리들이 한꺼번에 나와서 개굴개굴 하늘을 채운 장면이 활기차 보여서 좋다. / 시련을 견디고 개구리들이 살아남아 재미있게 노는 모습이 좋다. 개구리들이 기뻐 보여서다.

#역할 놀이 하기

그림책을 읽고 나서 대본 없이 역할 놀이를 할 때는 그림책을 다시 보여 주며 음미하는 시간을 가지면 좋다. 그림을 보며 아이들이 자유롭게 이야기를 만들어 보는 과정에서 창의력이 자란다. 이야기 흐름이 이상해지거나 막히는 부분만 교사가 도와준다. 아이들이 그림을 보며 만든 이야기를 듣다 보면 웃음이 절로 나오는 표현이 많다. '그래 지금이야',

'그래봤자 개구리', '그래! 나는 개구리다!', '나는 개구리' 부분은 아이들이 읽게 했다. 개구리가 노는 모습을 몸으로 흉내 내는 활동도 했다. 아이들은 개구리 소리를 내며 펄쩍펄쩍 뛰기도 하고, 무릎을 구부려서 개구리 자세를 하고 벽에 올라가는 시늉도 했다.

개구리 모습 흉내 내기

역할 놀이를 위해 등장인물의 성격에 관해 이야기를 나누었다. 성격에 따른 행동과 목소리도 생각해 보았다. 역할을 나누고 연습을 해야 하는데, 저학년은 이야기를 꾸려 가기 어려울 수도 있다. 이때는 같은 배역을 맡은 아이들을 일어서게 해 중요 대사를 연습시킨 뒤 각 모둠으로 돌아가서 모둠별 연습을 하면 효과적이다. 역할 놀이를 어떻게 해야 할지 모르는 모둠에게는 그림책을 소리 없이 넘겨 보여 주거나 상황을 설명해 준다. 그러면 배역을 맡은 아이들이 그림책 내용을 그럴듯하게 표현해 낸다. 또 역할을 알려 주는 그림이나 글자를 써서 아이들 가슴이나 머리에 붙이면 재미있고 편하게 역할 놀이를 할 수 있다. 이런 소품들은 미술 시간에 미리 준비하면 좋다.

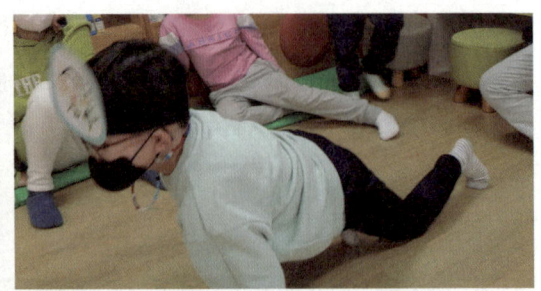

개구리가 노는 장면 역할 놀이 　　　　삶이 나타나는 장면 역할 놀이

#내용 바꿔 대문책 만들기

　자신을 동물에 비유해 그림책 내용을 원하는 대로 바꾸고, 대문책 만들기 활동을 했다. 자신을 동물 중 하나로 표현해 보고 그 이유를 쓰면 자신에 대해 생각하는 기회가 된다. 대문책 제목은 그림책 『그래봤자 개구리』를 활용했다. 자신이 정한 동물에 맞게 '개구리'만 바꿔도 되고, '그래봤자'까지 바꾸어도 된다고 했는데, 아이들 대부분이 제목 전체를 바꾸었다.

　그림책 내용도 역할 놀이 때 자신이 말한 것을 바탕으로 원본 이야기를 전체적으로 바꾸었다. 작가가 되었다고 생각하고 마음껏 써 보라고 격려하면 아이들은 힘을 내 곧잘 한다. 어떤 아이는 그림책 형식을 따르지 않고 자신에 관해 써도 되냐고 물어서 그렇게 하게 했다. 나중에 보니 이 아이는 자신을 시로 표현했다. 글을 다 쓰고 나서는 자신의 이야기 중 한 장면을 그림으로 그렸다. 이렇게 완성한 자기만의 그림책을 친구들 앞에서 발표하는 시간을 가지면 표현력을 기를 수 있다. 친구들 이야기에 아이들은 귀를 쫑긋 세우고 초롱초롱한 눈망울로 몰입한다. 자연스레 경청하는 자세를 습득하게 된다.

<대문책 만드는 방법>

1. A4 용지를 가로로 펼쳐 반으로 접는다.

2. 다시 반을 접어 네 칸을 만든다.

3. 양 끝 중 왼쪽 날개 칸에 그림책의 원래 내용을 쓴다.(저학년이라 미리 인쇄해서 주었다)

4. 양 끝 중 오른쪽 날개 칸에는 마음 가는 대로 내용을 바꾸어 쓴다.

5. 가운데 두 칸에는 자신이 바꾼 이야기를 토대로 그림 장면을 상상해 그려 넣는다.

6. 대문 모양으로 접은 뒤 겉면에 자신이 정한 새로운 제목을 쓰고, 색연필과 사인펜으로 색칠한 동물 그림을 반으로 잘라 양쪽 대문에 붙인다.(저학년이라 동물 그림은 출력해서 주었다)

대문책 겉면
(제목 바꾸고 그림 붙이기)

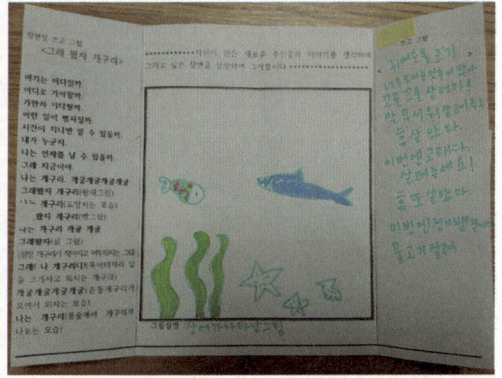

대문책 안쪽 면
(글 내용 바꾸고 그림 그리기)

그림책으로 역할 놀이를 할 때 교사는 아이가 그림책에 흥미를 가지고 등장인물과 사건, 배경 등에 집중할 수 있게 배려해야 한다. 그림책에 나오는 등장인물을 이해하고 어떻게 말하고 행동하는지 알아야 그것을 가지고 창의적인 역할 놀이를 할 수 있고, 아이의 만족도도 커지기 때문이다. 또 역할 놀이에서는 그림책 내용을 그대로 따라 하기보다 내키는 대로 자유롭게 표현하도록 격려하고 칭찬하는 것이 중요하다. 역할 놀이를 통해 하고 싶은 말을 하며 신나게 활동한 아이들은 자신을 알게 되고 타인과 사회를 이해하면서, 자기 효능감을 느끼고 자아 존중감을 높여 갈 테니 말이다.

아이들이 만든 대문책

✏️ 그림책으로 '자아 존중감' 레벨 UP!

그림책 『그래봤자 개구리』로 자아 존중감을 향상시키는 수업 활동을 디자인해 보세요.

✏️ 그림책으로 아이들과 나눌 수 있는 질문

Q1. '그래봤자' 와 '그래' 는 말의 느낌이 어떻게 다른가요?

Q2. 개구리에게만 힘든 일이 일어나는 건 아니에요. 여러분은 요즘 어떤 일로 힘든가요? 힘들 때 기분을 좋게 만드는 자신만의 비법이 있으면 알려 주세요.

Q3. 그림책에서 가장 인상적인 장면을 뽑고 그 이유를 말해 볼까요?

✏️ 함께 읽으면 좋은 그림책

- 『조금 부족해도 괜찮아』 베아트리체 알레마냐 글·그림, 길미향 옮김, 현북스
- 『머리숱 많은 아이』 이덕화 글·그림, 위즈덤하우스
- 『세상에 하나뿐인 너의 노래』 니콜라 데이비스 글, 마크 마틴 그림, 노은정 옮김, 사파리

03 친구와 비교하는 아이에게 존재의 고유성을 말해 주고 싶을 때

나만의 속도, 나만의 즐거움 찾기 『거북이자리』

😟 **고민 샘** 우리 반에 다른 아이들보다 손이 느린 아이가 있어요. 글씨를 쓰거나 작품을 완성할 때 오래 걸리는 편이에요. 그러다 보니 정해진 시간을 의식해서 자꾸 조급해하고, 움츠러드는 것 같아요.

🙂 **사이다 샘** 해마다 그런 아이들을 꼭 만나요. 뭐든지 빠르게 착착 해내는 아이가 있는 반면, 한참 기다려 줘야 하는 아이가 있지요. 하지만 정해진 일과가 있다 보니 마냥 기다려 줄 수 없어 안타까워요.

😟 **고민 샘** 그래서인지 친구들에 비해 잘하는 게 없다고 느끼는 모양이에요. 순발력이 필요한 교실 활동에서도 뒤처지는 때가 있거든요.

🙂 **사이다 샘** 맞아요. 아이 입장에서는 다른 친구들보다 눈에 띄게 잘해야 정말로 잘한다고 말할 수 있고, 그래야 인정받는다고 생각할 거예요. 사람마다 각자의 속도와 즐거움이 있다고 말해 주는 그림책을 함께 살펴볼까요?

💬 **고민**

다른 사람과 자신을 자꾸 비교하는 아이에게 어떤 말을 들려주면 좋을까요?

그림책 이야기

#못해도 괜찮아, 그리고 그 다음

그림책 『거북이자리』의 주인공 서우가 체육 시간이 끝나고 고개를 푹 숙인 채 집에 가는 장면을 보니 내 어린 시절이 떠오른다. 서우는 달리기를 잘 못한다. 그래서 이어달리기 경주에서 일등 하던 서우네 반이 서우 차례에 와서 꼴등이 되어 버렸다. 서우는 친구들이 자신을 탓하는 말을 들으면서도 그저 속상해할 뿐, 아무 말도 못 한다. 나 역시 달리기는 정말 자신이 없었다. 그림이나 노래도 마찬가지였다. 만들기도 잘하지 못해서 담임 선생님께서 내 작품을 친구더러 고쳐 오라고 부탁하신 일도 있었다. '나는 왜 특출나게 잘하는 것이 없을까?' 라는 고민은 고등학교 때까지 오래도록 나를 따라다녔다. 남들보다 잘하는 것을 찾아내는 일이 큰 숙제 같았다. 서우가 스스로를 항상 느린 아이라고 생각하는 것처럼 말이다. 어릴 때 "못해도 괜찮아!"라는 말을 들어 본 적 없는 나는 스스로에게 종종 그런 말을 건네고는 했다. 그런데 교사가 되어 아이들을 가르치다 보니 '못해도' 라는 말을 붙이는 것이 왠지 아이에게 정말 못한다고 확인 도장을 찍어 주는 것 같아 껄끄러웠다. 체육 못해도 괜찮아! 그림 못 그려도 괜찮아! 그런데 '못한다' 는 말은 누가, 또 어떤 정도가 기준일까? 꼭 남들보다 잘해야 잘하는 걸까? 내가 가진 여럿 중 가장 잘하면 그것만으로 충분하지 않을까? 이런 고민을 하며 그림책 『거북이자리』를 펼쳐 들었다.

『거북이자리』
김유진 글·그림, 책읽는곰

서우는 수조 한 켠에 머물며 헤엄치는 물고기

들을 바라보는 거북이가 마음에 걸린다. 아마도 거북이한테서 자신의 모습을 보았기 때문일 것이다. 서우는 달리기를 못하고 행동은 조금 느리지만 종이접기는 좋아하고 잘한다. 늦은 밤, 서우는 낮에 본 거북이를 생각하며 종이 거북이를 접고 책상 서랍 속에 바다 집을 만들어 준다. 그리고 서우는 순식간에 서랍 속 바다로 빨려 들어간다.

서랍 속 바다에는 종이로 접은 물고기들이 살고 있다. 마침 종이 물고기들이 수영 대회를 열었고, 대회에 참가한 서우는 역시나 가장 느리다. 그러나 바닷속에서 거북이는 아주 빨랐다. 현실이 아닌 바닷속 세상에서도 자신만 느린 것 같아 서우가 슬퍼하고 있을 때, 이야기는 서우를 '바닷속 거북이'로 만들어 준다. 종이 물고기의 찢어진 꼬리를 서우가 종이접기 실력을 발휘해 뚝딱 고쳐 준 것이다. 바닷속 친구들은 서우의 솜씨에 감탄하고, 종이만 있으면 뭐든 만들 수 있는 서우는 그제서야 환한 표정을 짓는다. 서우가 종이 고리를 엮어 만든 긴 줄로 바닷속 친구들과 한바탕 노는 동안 아침이 찾아온다. 밝은 얼굴로 거북이와 작별하는 서우는 분명 이전과 다른 아이일 것이다.

아이들이 그림책에서 제일 좋아하는 장면은 학교에서 거북이를 좋아하는 친구가 서우에게 다가온 장면이다. 친구가 없다는 서우의 말에 내내 신경이 쓰였을 것이다. 한편 서우가 반에서 종이접기를 '가장' 잘하는 아이로 칭찬받으며 끝나는 이야기가 아닌 점이 참 좋았다. 누가 인정해 주지 않아도 종이접기는 서우가 '할 수 있는 것 중 제일' 자신 있는 것이니 말이다. 땅에서는 비록 느리게 걷는 거북이지만, 바닷속에서는 빠르게 헤엄치는 것이 자연스럽고 당연하다. 아이들도 마찬가지다. 바닷속 거북이처럼 능숙하고 멋들어지게 해낼 수 있는 일이 있다. 자신이 할 수 있는 여러 가지 일 가운데 가장 잘하는 일은 분명 있게 마련이니까.

그림책 수업 활동

#거북이 자리에 앉아서_책 살펴보기

그림책 『거북이자리』는 표지가 무척 아기자기한데, 앞표지와 뒤표지를 활짝 펼치면 그림이 하나로 연결된다. 그림책마다 표지 구성이 다르지만 이렇게 그림이 연결된 표지일 때는 책을 펼쳐 전체 그림을 보여 주면 좋다.

표지를 본 뒤 아이들에게 무엇을 발견했는지 물었다. 거북이를 보고 놀란 여자아이의 표정, 엄청나게 큰 수족관, 종이접기로 만든 물고기들, 색종이를 접어서 만든 것 같은 제목 글씨 그리고 책상과 의자까지, 아이들은 여러 요소를 금방 찾아낸다.

이렇게 표지 그림에 살필 요소가 많은 그림책은 제목과 연결 지어 내용을 예상할 수 있다. 제목을 두고는 거북이가 의자에 앉아 있어서 거북이 '자리'인지, 아니면 하늘에 떠 있는 거북이 '별자리'인지, 아이들이 저마다 생각을 이야기한다. 가끔씩 "선생님도 그렇게 생각했는데!" 하고 맞장구치면 알쏭달쏭한 얼굴을 하던 아이들이 "어! 저도요!" 하며 그림책에 성큼 다가온다.

그림책을 펼치기 전 내용을 살짝 엿볼 수 있는 노래라고 알려 주며 '거북 송'을 함께 들었다. 유튜브에서 '거북 송'을 검색하면 쉽게 찾을 수 있다. 땅 위와 바닷속에서 달라지는 거북이의 속도를 노래 빠르기에 변화를 주어 표현한 동요다. 노래에서 무엇을 알 수 있는지 물어보는 것도 좋다.

#거북이와 함께_'뜨거운 의자'로 서우 마음 살펴보기

그림책『거북이자리』를 처음 접했을 때 나는 찬찬히 여러 번 다시 읽으며 그림책이 주는 의미를 되새겼다. 아이들에게 읽어 줄 때도 같은 방법을 사용했다. 내가 먼저 그림책을 읽어 주고, 아이들의 목소리로 한 번 더 그림책을 읽었다. 이런 방식은 아이들 모두 같은 그림책을 한 권씩 가지고 있을 때는 별다른 준비가 필요 없지만, 인원이 많은 학급에서는 실물 화상기나 파워포인트로 그림책 장면을 띄워 함께 보는 편이 수월하다. 글자가 잘 보이지 않는 경우를 대비해 미리 장면별 텍스트를 타이핑해 두면 좋다. 책을 처음부터 다시 펼쳐 기억에 남거나 좋았던 장면을 질문한 뒤, 아이가 고른 장면의 텍스트를 주고 내가 책을 넘기는 동안 아이들이 읽게 했다.

이 그림책은 주인공의 존재감이 뚜렷하고 아이들이 충분히 공감할 수 있는 내용이라 주인공의 마음을 따라가기 쉽다. 이런 특징으로 4학년 1학기 국어 10단원에서 배우는 '인물의 마음을 알아봐요'와 관련지을 수 있다.

- "지금 여기서 서우의 마음이 어떨까?"
- "서우의 마음이 슬프다는 건 그림의 어느 부분을 보고 알 수 있니?"

서우의 감정을 짚어 본 뒤에는 서우에게 궁금한 것을 묻고 또 자신이 서우가 되어 질문에 답하는 '뜨거운 의자(핫 시팅)' 활동을 이어 갔다. 서우가 느낀 것을 아이들도 서우의 입장이 되어 함께 배우고 느꼈으면 좋겠다는 생각으로 준비한 활동이다. 그림책 제목과도 관련 있는 거북이 모양 쪽지에 자신의 질문을 쓰게 했다. 질문이 너무 광범위하거나 장난스럽지 않도록 또 아이들 수준에서 충분히 대답할 수 있도록 질문의 범위를 안내하면 좋다. 서우에게 궁금한 점이나 서우의 마음을 묻는 질문

'뜨거운 의자' 질문 쪽지

몇 가지를 예시로 들어 줄 수도 있다.

서우가 된 학생이 앞으로 나와 친구들의 질문 쪽지를 뽑고, '뜨거운 의자'에 앉아 서우가 되었다. 서우가 바닷속에서 종이접기를 할 때 힘들지 않았는지, 새로 사귄 친구는 어떤 아이 같은지, 거북이와 헤어질 때 슬프지 않았는지 묻는 질문도 있었다. 아이들이 서우의 속상한 순간에만 집중하지 않고, 뒤에 이어지는 여러 상황을 있는 그대로 바라보고 공감하는 모습에 가슴이 뭉클했다. 그림책이 하려는 말을 아이들은 이미 충분히 알고 있는 것 같았다.

#거북이처럼_나 살펴보기

음악 시간에 노래 반주를 2배속이나 0.5배속으로 바꾸어 부르면 아이들은 더 즐겁게 노래 부르기에 참여한다. 노랫소리가 커지고, 한 번 더 부르자고 제안하기도 한다. 여기에 착안해 속도를 매개로 수업을 풀어

갔다.

- "서우와 거북이는 언제 2배속이 되고, 언제 0.5배속이 될까?"
- "여기서 2배속이 된다는 건, 또 0.5배속이 된다는 건 무슨 의미일까?"

질문에 관해 이야기를 나누고 씽킹보드에 '나의 2배속과 0.5배속'을 적어 보게 했다. 자신이 잘하는 것과 그렇지 않은 것을 골똘히 헤아려 보는 아이들에게 오늘 하고 싶은 이야기를 들려주었다. 마침 그림책 수업을 하던 즈음 줄넘기 수업이 진행 중이었기에 줄넘기를 무서워하는 아이들을 다독이고 싶기도 했다.

"선생님은 줄넘기가 자신 없어. 어렸을 때부터 줄넘기가 어려웠거든. 지금은 어느 정도 할 수 있지만 아직 어려운 동작은 연습이 필요해. 하지만 글쓰기는 어렵지 않게 해낼 수 있어. 편지 쓰기를 특히 좋아해."

"물론 선생님보다 줄넘기를 못하는 사람도 있을 테고 글쓰기를 잘하는 사람은 훨씬 더 많겠지만, 남들을 기준으로 생각하는 것이 그렇게 중요할까? 내가 할 수 있는 범위 안에서 잘하는 것은 즐겁게, 서툰 것은 더 노력하면 되는 거지!"

아이들의 2배속과 0.5배속은 친구들과 반대로 교차하기도 하고, 남을 기준에 두지 않고 쓰다 보니 예상 밖의 이야기도 나왔다. 가령 미술에 소질이 뛰어난 아이가 뜻밖에도 0.5배속에 '색칠하기'를 썼고, 평소 그림을 잘 그린다고 생각한 다른 아이는 자신의 2배속을 '종이접기'로 적었다. 그런가 하면 학기 초에 체육 활동에 유난히 자신감이 없던 아이는 자신의 2배속을 '피구'로, 오히려 잘하고 있다고 생각한 '수학'을 0.5배속으로 썼다. 다른 사람은 모르는 자신만의 속도가 있었던 것이다. 씽킹보드를 모아 칠판에 붙여 놓고 친구들의 2배속과 0.5배속을 한 번씩 훑어

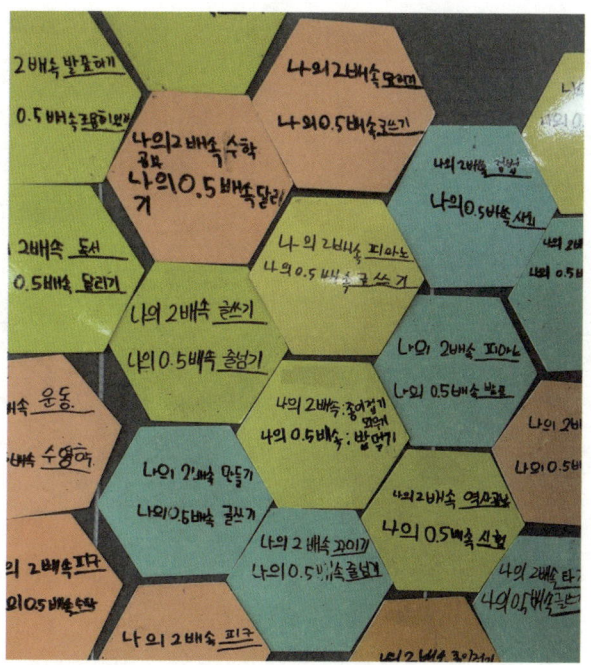

'나의 2배속과 0.5배속' 씽킹보드

보게 했다. 친구들이 잘하는 것, 못하는 것을 살피면서 서로 편안해지기를 바라는 마음으로.

#거북이 자리 만들기

서우처럼 거북이를 접고, 각자 마음속에 거북이 자리를 만들어 주는 활동으로 수업을 마무리했다. 거북이를 접는 방법은 여러 가지지만, 접기 쉬우면서도 거북이 등에 글자를 쓰고 얼굴 표정도 그려 넣을 수 있는 것으로 선택했다. 글자를 쓰지 않는다면 훨씬 간단한 방법도 많다. 아이들과 그림책에서 가장 좋았던 말을 뽑아 거북이 등에 쓰고 함께 큰소리로 읽었다.

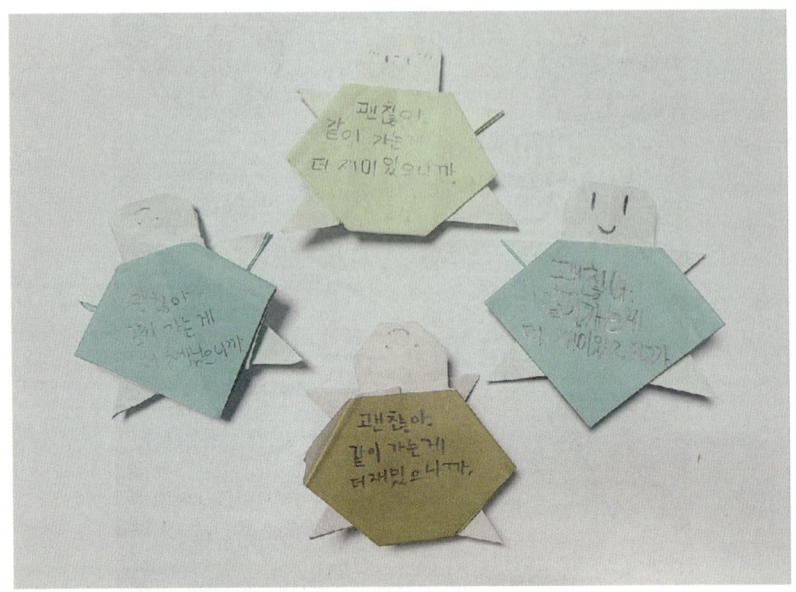

거북이 종이접기

아이들 대부분은 "괜찮아. 같이 가는 게 더 재미있으니까"라는 문장을 가장 좋았던 말로 꼽았다. 오늘은 내가 친구의 속도에 맞추어 누군가를 기다렸다면, 내일은 나의 속도에 맞추어 기다려 주는 누군가가 있다. 그러니 오늘 조금 빠르다고 으쓱할 필요도, 내일 조금 느리다고 움츠러들 필요도 없다. 다른 사람을 의식하며 느리다고 조급해하거나 그보다 빨라야 한다는 생각을 가지지 않아도 된다. 아이들이 서우처럼 자신의 속도를 찾고 행복한 삶을 살 수 있기를 바라 본다.

✏️ '나만의 속도'를 찾아 가는 활동 디자인하기

그림책 『거북이자리』로 아이들이 나만의 속도를 찾을 수 있는 활동을 디자인해 보세요.

✏️ 그림책으로 아이들과 나눌 수 있는 질문

Q1. 그림책 속 서우의 마음은 어떻게 변화했나요?
Q2. 나에게도 서우와 비슷한 경험이 있나요?
Q3. 내가 바닷속 거북이처럼 느껴지는 순간은 언제인가요?

✏️ 함께 읽으면 좋은 그림책

- 『난 그냥 나야』 김규정 글·그림, 바람의아이들
- 『슈퍼 거북』 유설화 글·그림, 책읽는곰
- 『완두』 다비드 칼리 글, 세바스티앙 무랭 그림, 이주영 옮김, 진선아이

04 항상 이기고 싶어 하는 아이를 다독일 때

이기지 못해도 행복해지는 방법 『졌다!』

😟 고민 샘	수업 시간에 간단한 게임을 하거나 쉬는 시간에 친구들과 놀이를 하면 꼭 갈등을 빚는 친구가 있어요. 체육 시간은 물론이고요, 지는 것을 너무 싫어하는 나머지 화를 내거나 울기도 해요. 교실에서 이런 활동을 하기가 망설여져요.
😊 사이다 샘	승부욕이 지나친 모양이네요. 질 때마다 친구들을 불편하게 하고 거기다 갈등까지 생긴다면 아이들과의 관계도 좋지 않겠어요.
😟 고민 샘	선생님 말씀처럼 주변 친구들도 많이 불편해해요. 무엇이든 질 때도 있고 이길 때도 있는데, 저렇게 크게 속상해하니 걱정이에요. 승부에서 지면 그다음 활동은 아예 참여하지 않으려 할 때도 있어요.
😊 사이다 샘	졌다는 사실을 받아들일 수 있게 마음을 다독여 주는 그림책이 필요하겠네요. 그 친구와 꼭 닮은 주인공이 등장하는 그림책이 있답니다.

고민

지는 것을 받아들이지 못하는 아이, 어떻게 다독일 수 있을까요?

그림책 이야기

#누구나 이기고 싶은 건 똑같아

아무리 간단한 놀이라 해도 아이들은 눈을 빛낸다. 놀이에 이긴 사람이 작은 사탕이라도 하나 받을라치면 분위기는 말할 것도 없다. 하지만 협동 놀이가 아닌 경우, 이기는 건 많아야 몇 사람뿐이다. 체육 시간의 꽃이나 다름없는 피구도, 점심시간에 잠깐 즐기는 보드게임도 마찬가지다. 이기고 싶은 마음의 크기에 차이가 있을 뿐, 누구나 이기는 것을 좋아한다. 그리고 그런 마음이 있어 이런 활동들이 더욱 긴장감 넘치고 재미있는 게 사실이다.

이기는 사람이 있으면 지는 사람도 있기 마련. 속상해도 툭툭 털어 버리는 아이만 있다면 얼마나 좋을까. "그래도 재미있었어요!", "다음에 또 해요!"라고 말해 준다면 교사 입장에서는 더할 나위 없다. 하지만 지면 펑펑 울어 버리거나, 심판이나 규칙에 불복하며 화를 내거나, 다신 안 하고 싶다며 불쾌한 감정을 드러내는 아이들은 교사 마음을 무겁게 만든다. 그런 아이를 바라볼 때마다 '이길 때도 있으면 질 때도 있다', '함께 즐겁기 위해 이런 활동을 하는데 졌다고 화를 내며 친구를 불편하게 해선 안 된다' 같은 말들이 머리를 스친다. 이와 함께 그림책 『졌다!』도 떠오른다.

『졌다!』
이은서 글, 홍그림 그림,
책읽는곰

표지만 보아도 여간 화난 게 아닌 『졌다!』의 주인공 정현이는 교사들 마음속에 하나쯤 있을 법한 아이다. 너무나도 이기고 싶고, 그래서 다른 것은 조금도 생각할 줄 모른다. 정현이는 이기고 싶어서 친구들을 다치게 하는 반칙도 서슴지 않고, 이기지 못하면 자신이 이길 때까지 한 번 더 하자며 친구들을 들들 볶는다. 이기는 것이 가장 중요하다고 생각하니 당연히 미안한 줄도 모른다. 그래서 정현이 옆에 있는 선생님과 친구들은 늘 불편한 얼굴을 하고 있다.

어느 날, 함께 놀던 친구들이 마침내 정현이 곁을 떠난다. 막 쓸쓸함을 느끼려던 정현이 곁에 새 친구가 다가오는데, 정현이 마음에 쏙 든 그 친구는 거울에 비춘 듯 정현이와 비슷하게 행동한다. 술래가 하기 싫어서 규칙을 어기고, 자기한테 유리하게 규칙을 바꾼다. 그래도 안 되니 이젠 다른 놀이를 하자며 돌아서 버린다. 그림책 『졌다!』는 정현이가 지는 것을 받아들이지 못하는 마음에서 한 걸음 나아가는 과정을 담았다. 이 과정을 아이들과 함께 나눠 보면 좋겠다.

그림책 수업 활동

#졌다! 언제? 어떤 마음으로? 누구에게?

우리 반 아이들은 순하다는 이야기를 듣는다. 체육 시간에 대결에서 졌다며 어깨가 축 처져 오는 날은 있어도, 다투고 싸운 감정을 교실까지 들고 오는 날은 없다. 교실에서 모둠별 게임을 하다가 꼴등 모둠이 되어도 그러려니 하고 넘긴다. 꼴등이 아닌 모둠은 "그래도 꼴등은 아니야!" 하며 서로를 다독인다. 반 대항 피구나 축구를 해도 좀처럼 이기지 못하지만 누구를 탓하지 않는다. "우리가 다른 건 잘하잖아!", "다음에 또 하다 보면 언젠가는 이기겠지" 한다. 막상 담임인 나는 반 대항 경기에 이기고 싶은 승부욕이 넘치지만, 이런 분위기에서 담임만 성화를 부리기도 멋쩍다. 이런 우리 반 아이들이 '졌다'는 상황을 어떻게 생각하는지 알고 싶어 그림책을 읽기 전 제목을 가지고 충분히 놀았다. '졌다'는 말에 관해 여러 방향으로 이야기를 나누려고 계획한 활동이니, 시간이 충분하지 않다면 필요에 맞게 선택해서 활용해도 좋다.

첫 번째로 '졌다!'라는 책의 제목을 보고 떠오르는 낱말들을 자유롭게 이야기해 보았다.

'졌다' 하면 떠오르는 낱말들
이겼다! / 분노 / 아쉬움 / 승부욕 / 패배 / 인정 / 슬픔 / 아까움 / 짜증 / 패배자 / 억울함 / 깔끔

패배, 패배자, 짜증, 분노처럼 부정적인 느낌을 말한 아이들이 많았지만, 깔끔이나 인정같이 결과에 승복하는 낱말도 함께 나왔다. 승부욕은 이번 그림책의 주제이기도 해서, 이 중에 오늘 그림책 주제가 있다고 한 번 짚어 주었다.

두 번째로 가치 수직선을 변형한 '졌다! 수직선'을 만들었다. 아이들이 스스로 매긴 점수를 수직선에 표시해 보니 상당수가 '절대 안 돼!' 쪽에 가까웠다. 그중에서도 98, 99, 100점을 달아 놓은 친구들이 열한 명이나 되었다. '졌다! 수직선'의 순서대로 0점부터 100점까지 줄을 세워 가위바위보도 했다. 아이들 절반이 선생님을 이기면 다 함께 간식을 먹자는 조건을 내걸었다. 그랬더니 '절대 안 돼!' 쪽으로 갈수록 "야! 이겨!" 하는 아이들의 외침이 커졌다. 아래 표를 칠판에 그리고 포스트잇을 붙이거나, 크게 인쇄해 스티커를 붙일 수 있다.

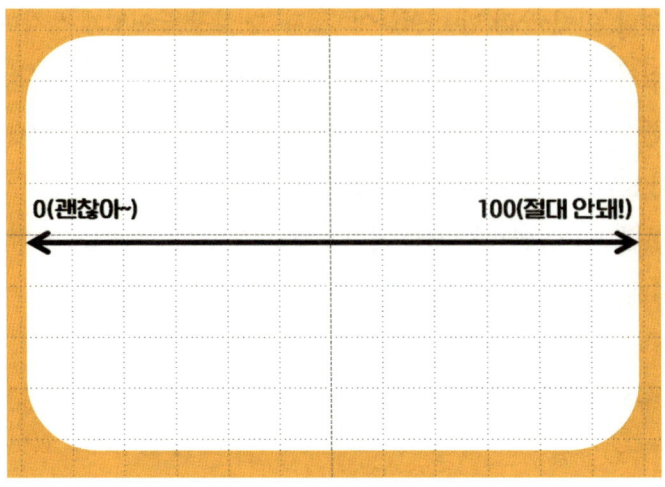

'졌다! 수직선' 활동 예시 자료

　세 번째로 동생을 상대로 다양한 상황에서 자신이 지는 상상을 하며 둘 중 어느 쪽이 나은지 선택하는 '밸런스 게임'을 했다. 상대를 동생으로 고른 데는 동생이 이기면 너무 얄밉게 약을 올리기 때문이라는 합리적인(?) 이유도 있었다. 아래의 마지막 질문은 약간의 장난을 담아 만들었는데, 반칙을 써서라도 이기는 게 좋다는 친구가 절반을 훌쩍 넘었다. 교실마다 다르겠지만, 동생한테 지는 것은 모든 아이가 싫어하지 않을까 생각했다.

- 동생한테 졌다(0명) vs 부모님한테 졌다(26명)
- 동생한테 졌다(10명) vs 친구한테 졌다(16명)
- 동생한테 정정당당하게 졌다(9명) vs 동생한테 반칙 써서 이겼다(17명)

#졌다! + 하고 싶은 말

졌다는 상황에 관해 충분히 이야기를 나눈 다음, 그림책을 펼치고 책장을 넘기자 여기저기서 아이들의 탄식이 터져 나왔다.

"아…"

"왜 저러지?"

"아, 진짜!"

아이들의 반응이 재미있어 일부러 더 과장되고 사납게 글을 읽으며 정현이의 말과 행동을 귀에 콕콕 심어 주었다. 그도 그럴 것이 친구들이 문제를 맞힐 차례를 가로채고, 친구들을 밀치면서까지 이기고 싶어 하는 정현이의 모습은 우리 아이들도 한 번쯤 목격했을 상황이었다. 정현이가 떼를 쓰며 울음을 터뜨리는 장면에서는 짜증을 냈다. 그러다 혼자가 된 정현이 앞에 새 친구가 나타나면서부터 아이들은 통쾌해하기 시작했다. 웃기도 했다. 앞서 소개했듯이 새 친구는 정현이와 똑같은 아이기 때문이다. 자기가 지고도 술래를 안 하겠다고 버티고, 멋대로 규칙을 바꾸고 만든다. 새 친구를 바라보는 정현이 표정은 자신을 떠난 친구들처럼 어두워졌다. 어쨌든 정현이가 자신이 한 행동을 그대로 겪으니 아이들은 속이 시원한 모양이다. 정현이는 참다못해 새 친구를 다그치고, 자신의 지난 행동을 돌아본다.

학급마다 그림책 읽는 방법이 다르겠지만, 우리 교실에서는 책을 읽는 동안에는 가급적 대화를 멈추고 책 읽기가 끝난 다음에 각자의 느낌을 이야기한다. 하지만 이번에는 아이들에게 미리 포스트잇을 나눠 주었다. 그래서 책을 읽어 나가는 동안에도 책 속 인물(정현이, 친구들, 선생님 등)에게 하고 싶은 말이 있으면 바로 쓸 수 있게 했다. 그리고 책을 모두 읽은 뒤 그림책의 원하는 장면에 포스트잇을 붙이게 했다.

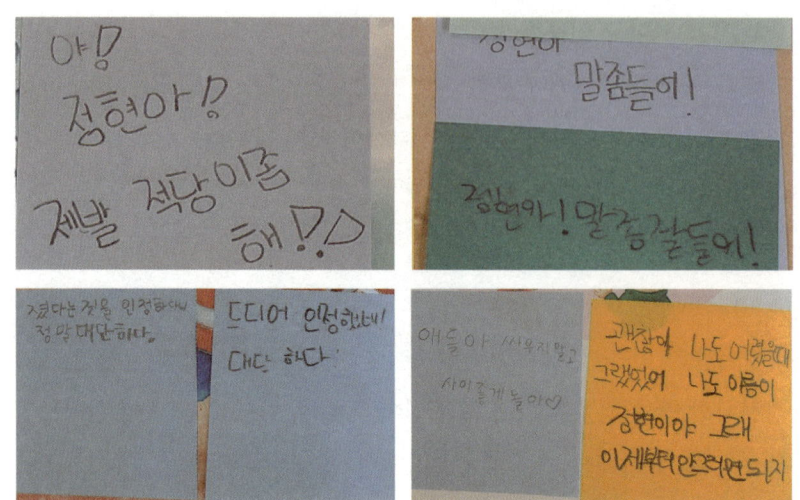

아이들이 등장인물에게 하고 싶은 말을 쓴 포스트잇

그림책 앞쪽에는 이기고 싶은 욕심에 잘못을 되풀이하는 정현이를 다그치는 말들이 많았다면, 정현이가 잘못을 깨닫고 졌다는 사실을 인정하는 대목에서는 정현이를 격려하고 응원하는 말들이 많았다. 이 활동은 아이들의 생생한 기분을 알 수 있어 좋다. 또 그림책 속 정현이에게 하는 아이들의 말이 '우리 반 정현이'한테 전달될 수도 있다. 직접적으로 비난하지 않는 방식이라 대상이 되는 아이의 마음에도 한결 편하게 가닿는다. 그리고 자신의 행동이 정현이처럼 달라진다면 친구들에게 어떤 말을 들을지도 눈으로 확인할 수 있다.

이렇게 수다스러워진 그림책은 포스트잇 내용과 함께 다시 읽어 줘도 되고, 일정 기간 그대로 학급 문고에 비치해 아이들이 충분히 들여다보게 해도 좋다. 포스트잇이 그림을 가리면 떼어서 보고 다시 붙일 수 있고, 이후에도 손상 없이 그림책을 볼 수 있어 유용하다.

#졌다! + '마법의 문장'으로 표지 바꾸기

아이들이 포스트잇에 써 준 글들로 그림책 내용이 바뀌었으니, 다음 순서로 표지도 바꾸기로 했다. 본래 제목인 '졌다!' 뒤에 글을 덧붙여 '져도 괜찮다'고 위로할 마법의 문장을 만들었다. 제목을 바꾸었으니 벌겋게 달아올라 잔뜩 화가 난 정현이 얼굴도 괜찮은 표정으로 바꾸었다. 활동지는 표지를 활용해 제목 옆에 빈칸을 넣고, 정현이의 이목구비를 지워 표정을 그려 넣도록 구성했다. 아이들은 비슷한 듯하면서도 각자의 생각을 담은 문장으로 제목을 짓고, 정현이 얼굴을 밝은 표정으로 새롭게 그려 주었다.

'마법의 문장'과 그림으로 표지 바꾸기

"재미있었으니까 괜찮아!", "다음엔 이길 수도 있지!", "그럼 다른 거 또 시합하면 되지!" 등 아이들이 생각해 낸 위로와 응원의 말들이 아이들 자신에게도 마법의 문장이 되면 좋겠다는 이야기를 나누었다. 그렇게 되면 그림책 표지의 정현이처럼 화를 내고 인상을 찌푸리는 것이 아니라, 새로 그린 표정처럼 가볍게 웃을 수 있을 거라고도 했다.

그림책을 읽었다고 단번에 달라지기를 기대할 수는 없다. 표지 바꾸기 활동처럼 간단히 바뀌지는 않기 때문이다. 그림책 속 사건이 아이들에게 실제로 일어난다고 해도, 곧바로 자신의 행동을 반성하고 그것을 실천에 옮기기란 어른에게도 어려운 일이다. 하지만 교실에서 함께 책을 읽으며 오간 이야기들과 함께한 활동, 그리고 위로 받고 공감한 경험은 마음에 오래 남는다. 당장 눈에 보이지 않아도 마음속에서 변화의 싹이 트기 시작한다. 그리고 그것이 그림책이 가진 힘이다. 그림책 『졌다!』를 통해 아이들이 무조건 이기고 싶은 마음에서 멀어지는 첫걸음을 뗄 수 있기를 기대해 본다.

✏️ 승부욕 강한 아이를 다독이는 활동 디자인하기

그림책 『졌다!』를 통해 승부욕 강한 아이의 마음을 다독이는 활동을 디자인해 보세요.

✏️ 그림책으로 아이들과 나눌 수 있는 질문

Q1. 정현이의 행동은 왜 주변 친구들을 힘들게 했을까요?

Q2. 자신과 똑같은 행동을 하는 친구를 만난 정현이의 마음은 어땠을까요?

Q3. 게임이나 놀이에서 졌을 때, 스스로에게 어떤 말을 해 주고 싶은가요?

✏️ 함께 읽으면 좋은 그림책

- 『친구를 모두 잃어버리는 방법』 낸시 칼슨 글·그림, 신형건 옮김, 보물창고
- 『내가 일등이야!』 소피 헨 글·그림, 최용은 옮김, 키즈엠
- 『최고 예술가는 바로 나야!』 매리언 튜카스 글·그림, 서남희 옮김, 국민서관

II. 마음의 어려움 다독이기   **127**

05 매사 불평하는 아이에게 감사의 미덕을 알려 주고 싶을 때

세상을 유지하는 비결 『코끼리 아저씨는 코가 손이래』

☹ 고민 샘	우리 학교는 아이들에게 트레이닝복과 수영복을 사 주고, 공책과 연필 등 활동에 필요한 용품도 나눠 줍니다. 그런데 이런 배려를 당연하게 여기는 것처럼 보일 때가 있어요. 자신이 원하는 만큼 지원해 주지 못하는 부모님이나 선생님들에게도 불평불만이 많고요. 아이들이 감사하는 마음을 갖게 하려면 어떻게 할까요?
☺ 옹달 샘	감사하는 마음은 상황을 긍정적으로 받아들이고, 나아가 학교생활과 가정생활을 행복하게 영위할 수 있게 하지요. 저는 아이들과 그림책을 읽으며 주변에서 우리를 도와주는 이들을 찾아보고, 그들의 마음을 생각해 보았어요.
☹ 고민 샘	그림책으로 감사하는 마음을 심어 주었군요. 어떤 그림책을 활용했는지 궁금합니다.
☺ 옹달 샘	우리를 지켜 주는 분들께 감사하는 마음을 갖도록 돕는 그림책과 활동 사례를 공유할게요.

고민

아이들이 주변 사람에게 감사하는 마음을 갖게 하려면 어떻게 할까요?

그림책 이야기

#그림책으로 감사하는 마음 기르기

　감사는 고마움을 표시하는 인사이자 고맙게 여기는 마음이다. 주변 존재에게 고마움을 느끼는 태도는 자기를 에워싼 환경을 수용하고 긍정하는 마음을 지녔음을 뜻한다. 삶에서 긍정적 태도는 중요하다. 다른 사람과의 관계를 원활하게 해 주고, 힘든 일이 있거나 좌절할 때도 다시 일어설 힘을 준다. 살아가는 동안 좋은 날도 있지만, 힘을 내서 다시 일어서야 하는 날도 있다. 이때 감사의 미덕이 빛을 발한다. 자신에게 주어진 작은 것들에 대한 고마움, 주변 사람에 대한 고마움 등 감사할 일을 찾다 보면 마음이 따뜻해지고 힘이 솟는다. 돌아보면 주변에 감사할 일이 많지만, 감사하는 마음이 부족해 불평불만을 늘어놓고 관계가 삐걱대는 경우가 종종 있다.

　보통 감사하는 마음을 키우는 방법으로 감사 일기를 권한다. 짧게 한두 문장이라도 매일 감사거리를 적는 것이다. 봉사 활동을 하거나 고마운 마음을 담아 편지를 써도 좋다. 감사하는 마음은 사람들과의 관계를 개선할 뿐 아니라, 자신이 즐겁고 행복하게 생활하는 데 도움을 준다.

　그런데 감사의 미덕과 그림책은 어떤 연관이 있을까? 감사하는 마음은 누가 시켜서가 아니라 자신 안에서 우러나야 한다. 그런 만큼 가르치기가 힘들다. 감사의 적극적인 행위인 봉사나 기부를 이해하지 못하는 아이들도 있다. 자기에게 이익이 있느냐 없느냐를 먼저 따지는 아이에게는

『코끼리 아저씨는 코가 손이래』
고정순 글·그림, 노란상상

감사의 좋은 점을 설명해도 이해하지 못할 때가 많다. 이런 아이들에게 감사하는 마음을 가지라고 백번 말하는 것은 소용없다. 대신 그와 관련된 내용을 그림책으로 접하고 활동하면, 고마움을 경험하고 감사에 관해 생각해 보는 기회가 된다.

　감사하는 마음을 주제로 한 그림책은 다양하다. 일상에서 알게 모르게 우리에게 도움을 주는 수많은 손길도 만날 수 있다. 이런 그림책을 활용해, 우리를 도와주는 분들 덕택에 우리가 안전하고 행복하게 생활할 수 있다는 점을 아이들과 함께 이야기 나누면 좋다.

　그림책『코끼리 아저씨는 코가 손이래』는 코끼리 소방관 아저씨의 책임감과 희생정신을 보여 준다. 코끼리 아저씨의 이타적인 태도는 가슴이 아플 정도다. 구멍이 숭숭 뚫린 방화복을 입고 오래된 소방차를 운전해 불이 난 곳 어디라도 달려간다. 그뿐인가. 나무에서 떨어진 아기 새를 어미 새에게 돌려주고, 맨홀에 빠진 다람쥐도 구해 준다. 한편 사람들은 불이 나도 걱정하지 않고, 심지어 아저씨가 아프거나 다쳐도 무관심하다. 이처럼 열악한 환경에서도 사람들의 재산과 안전을 지키기 위해 고군분투하는 코끼리 아저씨를 통해 소방관이 하는 일을 살피고, 감사와 나눔, 배려 등을 주제로 수업할 수 있다.

그림책 수업 활동

#그림책을 읽으며 주인공 마음 헤아리기

　아이들에게 그림책을 보여 주지 않은 상태에서 먼저 교사가 그림책 주인공 모습을 흉내 내고, 무엇인지 알아맞히게 했다. 덩치가 큰 동물이 걸어가는 모습을 흉내 냈다. 아이들은 "고릴라", "곰"이라고 답했다. 두 번째 힌트를 주었다. 한 손으로 코를 잡고 다른 손을 사이에 넣어 흔들었다. 그제야 아이들이 "코끼리!" 하고 외쳤다. 책 앞표지를 보여 주자 아이들은 제목인 '코끼리 아저씨는 코가 손이래'를 큰소리로 읽었다.

"코끼리 아저씨는 코가 손이래~ 과자를 주면은 코로 받지요."

시키지도 않았는데 일제히 노래를 불렀다. 이때까지 아이들은 코끼리 아저씨의 멋진 모습을 기대했을 것이다.

앞표지에 무엇이 보이는지 질문했다. 코끼리, 물통, 생수병, 불자동차가 보인다고 대답했다. 이번엔 코끼리 아저씨의 표정이 어떤지 물었다.

"일하러 왔는데 할 필요 없다고, 일하러 나오지 말라고 해서 슬퍼 보여요."

한 아이가 대답했다. 그럴 수 있겠다며 호응해 주었지만, 아이답지 않은 말에 놀라고 당황했다. 아버지의 실직이라든가 자신이 겪은 일이 아니면 좋겠다고 생각했다. 뒤표지를 보고 아이들은 "소방관이네!"라고 외치고, 호스, 연기와 불에 타는 집도 보인다고 했다.

코끼리 아저씨는 오래된 불자동차에 구멍 난 방화복을 입고 화재 현장으로 달려간다. 호스가 고장 나서 물이 나오지 않자 코끼리 아저씨는 자신의 코로 물을 뿜어 불을 끈다. 이 장면을 보고 어떤 생각이 드냐고 물었다. "코끼리 아저씨의 몸을 희생해서 안쓰럽다", "존경스럽다", "창의적이고 멋진 생각이다" 같은 의견이 나왔다. 장비를 왜 고치지 않았는지 묻는 아이에게는 어른으로서 답할 말이 없었다.

아이들이 그림책을 재미있게 읽을 수 있도록 "코끼리 아저씨는" 하고 교사가 먼저 말하면, 아이들은 "코가 손이래"를 외치게 했다. 아이들은 이야기 속 상황에 따라 "코가 손이니까"라며 어미를 고쳐 호응했다.

> **코끼리 아저씨의 장비가 고장 나서 코로 해결하는 장면을 보고 어떤 생각이 드나요?**
>
> 코끼리 아저씨가 우리에게 희생을 해서 고맙고 슬프다. / 장비가 고장 나서 자기 힘으로 하는 게 슬프다. / 자기 몸으로 해결해서 자랑스럽다. / 장비가 고장 났어도 코로 잘한 것 같다. / 창의력이 있어서 천재라고 생각한다. / 자신을 희생하는 모습이 멋지다. / 코끼리 아저씨가 우리를 위해 희생하신 것 같아서 정말 안쓰러웠다. / 포기하지 않아서 멋지다. / 어떻게든 우리를 도와주려는 코끼리 아저씨의 마음이 느껴진다. / 자신의 몸을 희생해서 불을 끄니 존경스럽다. / 장비가 없는데도 대단하다. / 코끼리 아저씨가 많이 힘들었을 것 같다. / 아저씨가 고마우면서 몸이 안 좋아질까 걱정된다. / 장비로 하던 걸 코로 해서 안쓰럽다. 장비를 왜 고치지 않았을까?

그림책에서는 코끼리 아저씨가 있으니 불이 나도 누구 하나 걱정하지 않았다. 자신들은 안전한 곳으로 가면 되니까.

  ─ "코끼리 아저씨가 일할 때 다른 동물들은 아저씨가 어찌 되든 신경 쓰지 않았고 희생을 당연하게 여겼어요. 여러분 생각은 어때요?"

평소라면 소방관이 직업이니까 당연히 해야 할 일이라고 말하는 아이가 몇 명은 있을 터였다. 그런데도 아이들은 자신을 희생하는 일이니까 당연하지 않다고 했다. 코끼리 아저씨가 낡은 불자동차의 흔들리는 사다리를 오르는 장면에서는 아저씨의 표정에 관해 이야기했다. 그러고는 "다음 장면에 어떤 내용이 나올까?" 하고 묻자, "사다리가 흔들거리니까 아저씨가 떨어질 거예요"라는 대답과 함께 "사다리가 흔들려서 위험해도 코끼리 아저씨가 인내심으로 버티고 있을 것 같아요" 하는 답도 들려왔다. 소방관에 대한 아이들의 믿음을 엿볼 수 있었다. 책장을 넘기고 코끼리 아저씨가 땅으로 떨어진 장면이 나오자 아이들은 괴로워했다. 안일하게 생각한 자신을 책망했을까. 아이들은 코끼리 아저씨에게 너무 미안하고 죄송한 마음이 든다고 했다.

#상대를 이해하고 고마워하는 마음 표현하기

우리 주변의 고마운 분들을 찾아보고, 그들만의 특유한 행동과 소리를 활용해 놀이를 했다. 한 아이가 소리와 행동을 묘사하면, 나머지 다른 아이들이 직업이나 하는 일을 알아맞히는 방식이다. 소리와 행동을 똑같이 흉내 내는 활동은 묘사되는 당사자를 더 잘 이해하게 만든다. 활동을 하며 아이들이 생각을 엿볼 수 있었다.

놀이를 끝내고 코끼리 아저씨에게 편지를 썼다. '만일 내가 코끼리 아저씨라면 기분이 어떨까? 코끼리 아저씨를 도울 방법은 무엇일까?' 질문하며 코끼리 아저씨의 입장과 마음을 생각해 보고, 하고 싶은 말을 편지로 쓰게 했다. 아이들이 쓴 편지에는 응원과 감사의 말이 가득했다. 쉬면서 일하라는 아이, 언젠가는 사람들이 인정하고 도와줄 테니 힘내라는 아이, 묵묵히 일하는 모습이 안쓰러웠는지 할 말은 참지 말고 팍팍 하라는 아이도 있었다.

코끼리 아저씨를 응원하는 말을 포스트잇에 써서 자석판에 붙이고 내

코끼리 아저씨의 마음을 생각해 보고, 아저씨에게 하고 싶은 말 써 보기
코끼리 아저씨, 힘내세요. 언젠가는 사람들이 인정할 거예요. / 코끼리 아저씨, 호스가 고장 나서 슬플 것 같아요. 조금씩 쉬시면 좋겠어요. / 많이 힘드시죠? 좀 쉬면서 불을 꺼 주세요. 아저씨가 건강해야 하잖아요. / 코끼리 아저씨는 정말 자랑스러워요. 힘든 일을 거치며 여기까지 왔잖아요. / 아저씨, 코로 불을 꺼 주셔서 감사합니다. 사람을 구해 주어서 감사합니다. / 빨리 돈 벌어서 소방차 새로 사세요. / 이제 힘을 내요. 동물들도 코끼리 아저씨를 도와주세요. / 코끼리 아저씨, 힘내요! / 코끼리 아저씨, 앞으로는 하고 싶은 말 팍팍 하세요! / 코끼리 아저씨, 다른 사람이 관심을 주지 않아도 열심히 하는 모습이 너무 멋져요. 파이팅! / 코끼리 아저씨, 이제 좀 쉬세요. / 코끼리 아저씨가 없으면 큰일 난다는 걸 알고 모두 도와줄 거예요. 힘내요. 파이팅!

-코끼리 아저씨에게-

안녕하세요 코끼리 아저씨
희생해서
불을 꺼주셔서 감사해요
앞으로 소방관 님에게
더욱더 고마운 마음을 가질게요

코끼리아저씨 힘내세요!
언젠가는 사람들이 인정 할거에요

코끼리 소방관 아저씨에게 편지 쓰기

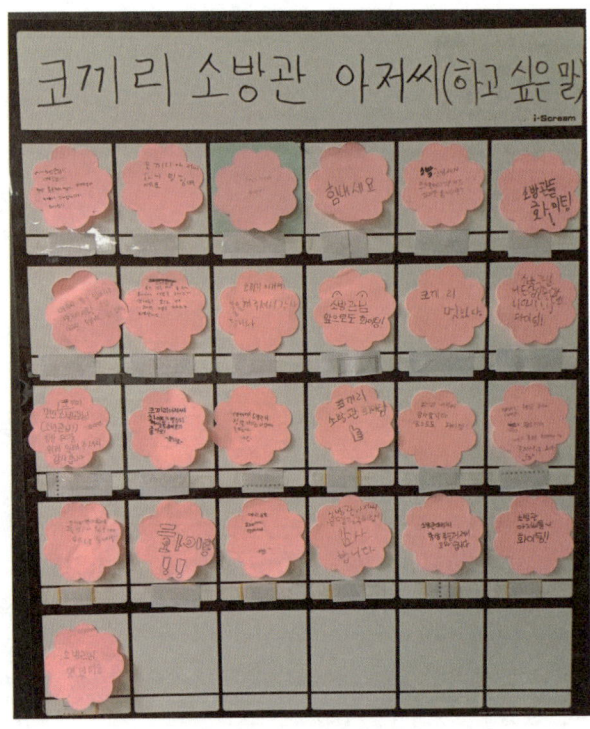

코끼리 소방관 아저씨를 응원하는 말

용을 공유했다. 코끼리 아저씨에게 고마움을 전하고 힘내라며 응원하는 글을 보니 아이들의 감사하는 마음이 느껴졌다.

#빌딩 북 만들기

가정과 학교, 사회에서 우리를 도와주는 분들에 관해 이야기 나누고 빌딩 북을 만들었다. 각자 관심 있는 사람을 선택해 표현하게 하면 동기 유발이 되어서 좋다. 고마운 사람은 겹치지 않게 친구들과 서로 조정하고, 각자 꾸민 색종이를 친구들 앞에서 발표했다. 왜 그런 그림을 그렸고, 어떤 점을 감사하게 생각하는지 등 아이의 마음을 알 수 있었다.

완성한 빌딩 북 창문은 수수께끼처럼 호기심을 자아낸다. 창문을 열었을 때 안쪽에 그려진 그림을 보는 재미가 쏠쏠하다. 아이들마다 창의력이 돋보여 '이렇게도 표현할 수 있구나!' 감탄하며 흥미롭게 감상했다.

<빌딩 북 만드는 방법>

1. 빌딩 층수는 아이들 수를 감안해 자유롭게 정한다.
2. 각자 색종이 두 장을 겹쳐 놓는다.
3. 위에 놓인 색종이는 창문이 된다. 아래 색종이보다 조금 작게 오리고, 우리에게 도움을 주는 사람을 적는다.(오리기를 힘들어하는 아이에게는 포스트잇을 주고 대신 사용하게 한다)
4. 아래 놓인 색종이에는 창문에 쓴 고마운 사람과 관련한 그림을 그린다.
5. 창문으로 아래 색종이의 그림을 가린다.
6. 창문을 열 수 있게 위쪽만 풀칠한다.
7. 건물에는 현관이 있어야 하므로, 건물 맨 아래 1층에 놓을 위 색종이를 양문형으로 만든다.

8. 각자가 만든 색종이를 연결해 빌딩 북을 만든다.(우드록에 붙여도 좋다)
9. 건물 위에는 책 제목을 써서 붙인다.

빌딩 북은 수업 시간 전 동기를 유발할 때, 수업 정리 시 간단한 질문을 창문에 적고 그 안에 답을 쓰는 방법으로 활용할 수 있다. 주로 사회 수업 정리 활동과 독서 퀴즈 활동에 자주 사용한다. 종이 한 장을 오리고 접어서 여러 층의 빌딩 북을 만들어도 되지만, 다인수 학급에서는 위 사례처럼 아이들 각자에게 종이를 나눠 주고 활동한 것을 모아 빌딩 형태로 만드는 방법을 추천한다. 창문용 종이는 포스트잇을 활용하면 쓰고 붙이기 좋아 활동하기 편리하다.

평소 고마운 분과 그들의 노고를 이야기할 때, 부모니까 또는 직업이니까 그만 한 수고는 당연하다고 말하는 아이들이 있었다. 그림책『코끼리 아저씨는 코가 손이래』를 읽고 활동한 뒤, 아이들은 주변에 우리를 도와주는 고마운 분이 많고, 그들의 수고 덕분에 세상이 유지되고 우리도 편하게 생활한다고 말했다. 또 그들의 자기희생에 '당연'이라는 말은 어울리지 않는다며, 그들과 자신의 행복이 연결되어 있다고 생각하니 고마운 마음이 든다고 했다.

빌딩 북 전체 모습

빌딩 북 창문 안쪽 그림

✏️ '감사하는 마음 기르기' 레벨 UP!

그림책 『코끼리 아저씨는 코가 손이래』로 감사하고 배려하는 마음을 향상시키는 수업 활동을 디자인해 보세요.

✏️ 그림책으로 아이들과 나눌 수 있는 질문

Q1. 코끼리 아저씨는 장비가 고장 나자 코로 직접 해결했어요. 어떤 생각이 드나요?

Q2. 코끼리 아저씨가 희생할 때 다른 동물들은 신경 쓰지 않았고, 그것을 당연하게 여겼어요. 여러분 생각은 어때요?

Q3. 여러분은 생활하면서 누군가에게 도움을 받은 일이 있나요? 있다면 누구였는지 써 보세요.

✏️ 함께 읽으면 좋은 그림책

- 『수박이 먹고 싶으면』 김장성 글, 유리 그림, 이야기꽃
- 『작은 발견』 이보나 흐미엘레프스카 글·그림, 이지원 옮김, 사계절
- 『정육점 엄마』 권은정 글·그림, 월천상회

 # 06 자기 입장만 내세우는 아이에게 남을 헤아리는 법을 알려 주고 싶을 때

'우리, 함께'가 소중한 이유 『왼손에게』

☹ **고민 샘**   교실에서 자기중심적인 아이들은 친구를 배려하고 양보하는 것을 힘들어해요. 그러다 보니 친구 관계가 어려워지고, 결국 잦은 다툼이 스스로를 외롭게 만들어 혼자 노는 경우를 많이 보았어요. 이럴 때 교사로서 어떤 도움을 줄 수 있을까요?

☺ **다홍 샘**   자기중심적인 아이들은 무엇이든 자기 뜻대로 하려는 성향이 강해서 다른 사람의 입장을 잘 헤아리지 못하지요. 다른 사람의 시선에서 바라본 새로운 이야기를 담은 그림책이 있어요. 이 그림책을 읽고 '아! 저렇게도 생각할 수 있구나!' 하고 깨달으면 상대의 입장에 관심을 가지고 귀 기울이지 않을까요?

☹ **고민 샘**   그림책이 다른 사람의 입장을 헤아릴 수 있게 도움을 준다고요?

☺ **다홍 샘**   그럼요! 지금부터 그림책을 통해 상대의 입장을 헤아려 보고, 한 발 더 나아가 '우리, 함께'가 소중한 이유도 알아보기로 해요.

 고민

<mark>아이들이 남을 헤아리지 않고 자신의 입장만 내세울 때, 어떻게 도움을 줄 수 있을까요?</mark>

그림책 이야기

#자신의 입장만 내세우는 아이들

다툼이 일어나면 아이들은 씩씩거리며 대부분 이렇게 말한다.

"얘가 먼저 그랬어요."

"아니에요. 저는 가만히 있는데 쟤가 먼저 시작했어요."

자신의 입장만 내세우며 친구를 탓하고 원망하는 목소리다. 이럴 때 가장 필요한 것은 서로의 입장과 생각을 들여다보고 이해를 구하는 일이지만, 말처럼 쉽지 않다. 아이들에게 상대의 입장은 중요하지 않다. 왜 그랬는지 이유 또한 중요하지 않다. 상대방이 나를 화나게 했다는 사실, 다시 말해 내 감정과 생각이 더 중요하다. 그래서 다툼이 해결되지 않고, 과거의 일까지 들추며 감정의 골만 깊어진다. 하지만 우리는 혼자가 아니라 함께 살아가야 하기 때문에 자신의 입장만 내세워서는 안 된다. 다른 사람의 입장을 헤아리고 귀 기울일 줄도 알아야 한다. 서로를 이해하고 '우리'라는 이름으로 함께하는 세상이야말로 의미 있고 가치 있다.

그림책 『왼손에게』는 오른손이 왼손한테 가진 불만과 억울함을 토로하며 이야기를 시작한다. 오른손의 입장에서 자신은 숟가락질, 양치질, 가위질, 빗질처럼 온갖 힘든 일을 도맡아 한다. 그런 오른손에게 왼손은 핸드크림 바를 때나, 팔찌, 반지, 시계 같은 장신구를 착용할 때만 슬쩍 다가와 온갖 좋은 것을 차지하는 얄미운 존재다. 그러다 매니큐어 사건으로 인해 두 손은 서로에게 쌓였던 감정을 폭발시키고, 급기야

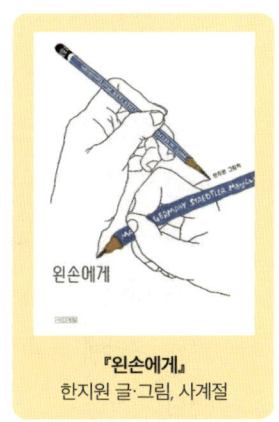

『왼손에게』
한지원 글·그림, 사계절

오른손이 다치는 일까지 벌어진다. 이후로 왼손의 입장도 함께 이야기 된다.

처음에 오른손이 하는 이야기만 들으면 오른손의 처지에 공감하게 된다. '오른손 혼자서 얼마나 힘들고 억울했을까?'라는 생각이 절로 든다. 하지만 왼손의 이야기가 시작되는 순간 '아, 왼손도 노력하고 있었구나! 마음처럼 잘 해내지 못하는 자신의 모습에 마음 아파하고 있었구나!'라고 깨닫는다. 그리고 책의 마지막 부분에서 오른손과 왼손이 서로를 맞잡는 순간에는 '함께함'이 주는 소중함을 느끼게 된다.

그림책 수업 활동

#오른손과 왼손이 되어 서로의 입장 느껴 보기

"정말 참을 만큼 참았어."

_본문에서

그림책 『왼손에게』 표지를 넘기면 면지에 덩그러니 박힌 이 문구가 시선을 사로잡는다. 아이들에게 문장을 보여 주면서 "이 말을 보니 어떤 상황이 떠오르나요?"라고 물었다. 그러자 바로 나오는 대답은 "오줌이나 똥 마려울 때 하는 말 같아요"였다. 모두 공감하며 한바탕 깔깔 웃고 나서 비슷한 느낌으로 이런 대답도 나왔다. "배고프거나 목마를 때요"라는 대답에 그럴 수 있겠다며 모두 고개를 끄덕이는 순간 한 아이가 말한다.

"화가 났을 때 하는 말이에요."

다양한 의견이 오가는 가운데, 의도한 답이 나와 더욱 쉽게 그림책에 스며들 수 있었다.

제목에서 '왼손'만 가린 채 표지를 보여 주었다. 그러자 대충 그려진 연필과 제대로 그려진 연필 그림에 먼저 눈이 간 아이들은 '연필에게'라는 제목을 유추해 냈다. 직접 연필 두 자루를 꺼내 자신의 손으로 표지 그림과 똑같은 포즈를 취해 본 아이는 "손에게" 하고 말한다. 이쯤에서 '왼손에게'라는 책 제목을 보여 주자 여기저기서 "아하!" 하는 수긍의 감탄사가 나온다. 앞서 본 '정말 참을 만큼 참았어'라는 문구와 책 제목을 연관시키며 책의 내용을 짐작하는 아이도 있었다.

오른손 입장에서 시작되는 이야기 초반, 아이들은 혼자서 힘든 일을 다 해내는 오른손을 안쓰러워하고 안타까워했다. 특히 '반짝이고 근사한 것은 언제나 왼손 차지였다'라는 장면에서 반지와 시계, 그리고 팔찌를 모두 찬 나의 왼손을 보여 주자 "선생님 너무해요", "오른손이 불쌍해요"라며 격한 반응을 보였다. 오른손은 왼손에게 어떤 불만을 가지고 있을까, 물을 필요도 없이 아이들은 이미 오른손의 입장에 깊이 공감하고 감정을 이입하고 있었다. 그리고 등장한 매니큐어 사건! 자신의 입장만 내세우며 몸싸움까지 벌인 오른손과 왼손을 보며 떠오르는 게 있는지 물었다.

"어제 싸운 누구와 누구 모습 같아요."

그 순간 어제 싸운 아이 둘이 겸연쩍은지 고개를 숙였다. 이건 우리 모두의 모습과 같다고 이야기하면서, 자신의 입장만 내세우면 이런 다툼이 일어날 수밖에 없다고 한 번 더 강조했다.

이야기는 갈등의 극에 달하고, 이제 왼손의 입장이 이어진다. 매니큐어 사건으로 오른손이 크게 다치자, 하필 왼손이 아니라 오른손이 다쳤다며 모두 오른손의 부상만 안타까워한다. 그럼에도 왼손은 오른손을 대신해 젓가락질, 칫솔질, 글씨 쓰기 등 모든 일에 최선을 다한다. 하지만 아무리 애를 써도 왼손은 오른손처럼 잘할 수 없다. 지금까지 오른손만 안타까워하던 아이들이 조금씩 왼손의 마음을 알아가는 순간이었다. 이때, 아이들과 함께 다음과 같은 왼손 활동을 해 보았다.

<왼손 활동>

1. 왼손으로 오른손에 매니큐어를 발라 주세요.(마르면 스티커처럼 떼어지는 유아용 매니큐어를 활용한다)
2. 왼손으로 내 가족 이름을 적어 보세요.
3. 왼손으로 머리 끈을 이용해 머리카락을 묶어 보세요.
4. 왼손으로 사탕을 꺼내 먹어 보세요.

아이들은 매니큐어를 바를 때와 가족 이름을 적으며 비명을 질렀고, 머리카락 묶기와 사탕 먹기를 할 때는 계속되는 실패에 절규했다. 왼손 활동을 한 뒤, 아이들에게 느낌을 물었다.
"왼손으로 아무리 열심히 하려고 해도 힘이 안 들어가요."
"뭔가 어색하고 이상해요."
"답답해 혼났어요."
"왼손의 마음이 이해돼요."
"오른손이 있었으면 좋겠어요. 그러면 머리카락도 묶고 사탕도 먹을 수 있을 것 같아요"라며 왼손의 입장에 한 발 다가간 아이들도 생겼다. 오른손과 함께해야 해결할 수 있는 미션을 준 나의 숨은 의도를 파악한 아이들도 있었다.

　이렇게 두 손의 입장을 모두 살펴본 뒤 아이들에게 오른손과 왼손이 결국 어떻게 되었을지 추측하게 한 다음, 책의 결말을 읽어 주었다. 오른손과 왼손이 '짝' 소리를 내며 서로 맞부딪쳐 모기를 잡는 장면에서 아이들도 오른손과 왼손을 마주쳐 소리를 냈다. 그때 한 아이가 말했다.

　"그래, 오른손과 왼손은 영원한 짝이지! 영원한 짝꿍!"

　그림책에 등장하는 '짝'이라는 글자가 손끼리 부딪힐 때 나는 의성어라고만 생각했는데, 역시 아이들의 기발함에 또 놀라고 말았다.

#'그럴 수 있지!' 공감 놀이하기

　처음에 오른손을 안타까워하던 아이들은 왼손의 마음을 알고 나서 누구의 편도 들 수 없다고 했다. 그래서 상대의 입장이 되어 보지 않고 무조건 내가 옳다고 해서는 안 되며, 서로 입장을 이해하고 귀 기울이는 것이 정말 중요하다고 이야기 나누었다. 이어서 아이들과 '그럴 수 있지!' 공감 놀이를 하며 그 의미를 몸으로 실천했다. 놀이 방법은 아래와 같다.

<'그럴 수 있지!' 공감 놀이 방법>

1. 짝 또는 모둠끼리 함께 하는 놀이다.
2. 한 사람씩 돌아가며 최근에 억울했던 일, 오해 받았던 일, 불만을 가진 일 등을 이야기한다. 집, 학원, 놀이터, 학교 등 누구와 어떤 장소에서 있었던 일이든 상관없지만, 친구 사이에 있었던 일이라면 더욱 좋다.
3. 나머지 사람은 이야기를 듣고 손뼉을 치며 "그럴 수 있지!"라고 말하며 공감해 준다. 그 사람의 입장이 되어 이해해 보려고 노력하는 것이다.

※ 주의할 점: 누군가를 비방하고 탓하는 말을 해서는 안 된다. '나 전달법' 활용

을 추천한다.

'그럴 수 있지!' 공감 놀이는 간단하고 쉽지만, 주의 사항을 반드시 지켜야 한다. 그렇지 않으면 특정인을 질타하는 놀이로 변질될 수 있다. 그래서 '나 전달법'을 추천한다. '나 전달법'은 '나'를 주어로 해서 행동, 느낌, 이유 순서로 이야기하는 방식이다. 예를 들면 다음과 같다. "나는 네가 약속을 지키지 않으면(행동) 너무 속상해.(느낌) 친구 사이에는 믿음이 중요하기 때문이야.(이유)" 여기에 해결책까지 제시하면 더욱 좋다. "그러니까 다음에는 늦으면 미리 연락해 주면 좋겠어"라고 말이다. 아이들은 '나 전달법'에 익숙해서 그런지 '그럴 수 있지!' 공감 놀이에 즐겁게 참여했다. 이 놀이를 통해 다른 사람의 입장에 관심을 가지고 귀 기울이는 아이들이 되었으면 하는 바람이다.

#왼손과 오른손이 함께해야 하는 이유 나누기

이 그림책은 왼손이 먼저 화해를 청하고 오른손의 대답을 기다리며 끝이 난다.

이제 오른손이 대답할 차례다.　　　　　나의 친구 왼손에게

_본문에서

오른손과 왼손의 입장이 모두 되어 본 아이들에게 직접 작가가 되어 마지막 장면을 만들어 보자고 제안했다. 그러자 모두가 두 손이 함께하는 그림으로 마무리를 장식했다. 아이들이 오른손과 왼손 모두의 입장에 깊이 공감한 결과가 아닐까.

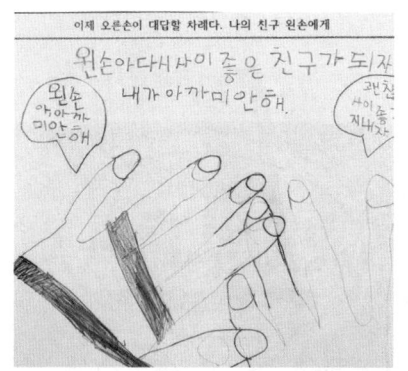 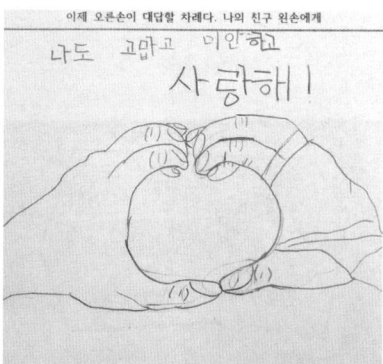

이제 오른손이 대답할 차례다. 나의 친구 왼손에게

오른손은 왼손에게 말했다. 왼손아, 힘들었지? 내가 너의 마음을 알지 못했던것같아. 왼손이 말했다. 오른손아, 네가 없으니 일상생활이 불편해 졌어. 나도 너의 마음을 짐작해 보지 않았던것같아. 왼손은 오른손의 붕대를 풀었다. 우리 다시 시작해 보자. 오른손이 말했다. 왼손은 좋아! 라고 대답했다. 다음날 둘은 서로 도와주며 지냈다. 그래서 둘은 아주 친한 친구가 되었다.

작가가 되어 그림책 마지막 장면 그려 보기

　이번에는 많은 일을 하며 티 나게 고생하는 오른손과 묵묵히 애쓰는 왼손에게 해 주고 싶은 말을 적어 보기로 했다. 문장 쓰기를 힘들어하는 아이들에게는 도움과 재미를 주기 위해 따뜻한 메시지가 쓰인 스티커를 사용하게 했다. 아이들은 오른손에게는 함께하자는 응원을, 왼손에게는 완벽하지 않아도 된다는 격려를 전했다.

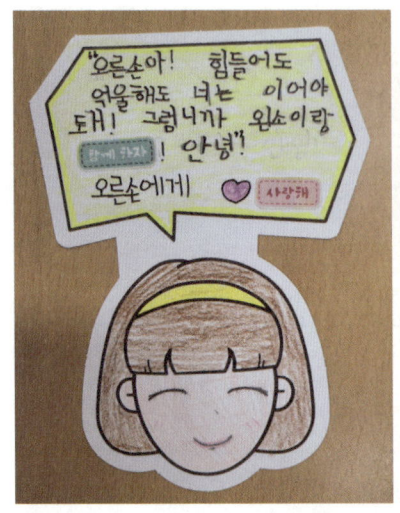 

오른손에게 전하고 싶은 말 　　　　　왼손에게 전하고 싶은 말

마지막으로, 이제 두 손이 힘을 합쳐 아까 성공하지 못한 머리카락 묶기와 사탕 먹기를 했다. 아이들은 만세를 부르며 두 손을 이용해 머리카락을 묶고 사탕도 꺼내 먹었다. 그동안 우리가 이런 일을 손쉽게 할 수 있었던 건 왼손과 오른손이 함께했기 때문이라고 짚어 주고, 이 세상은 혼자서 살아갈 수 없으니 자신의 입장만 내세우지 말고 다른 사람의 입장도 헤아리면서 함께 살아가자고 다짐했다.

　상대편의 처지나 입장을 먼저 헤아리는 '역지사지'의 마음, 자신의 이익만 챙기는 이기적인 '아전인수'의 마음이 있다. 교실에서 일어나는 대부분의 다툼은 '역지사지'가 아닌 '아전인수'의 마음이 앞서기 때문이다. 갈등이 일어났을 때, 자신의 입장만 내세우기보다는 상대방의 입장에 마음을 열고 귀를 기울인다면 '나, 너'가 아닌 '우리, 함께'로 가득한 따뜻한 세상이 만들어지지 않을까.

▶ '우리, 함께'의 가치를 깨닫는 수업 디자인하기

그림책 『왼손에게』로 다른 사람의 입장을 헤아리고, 나아가 '우리, 함께'가 소중한 이유를 느낄 수 있게 수업을 디자인해 보세요.

▶ 그림책으로 아이들과 나눌 수 있는 질문

Q1. "정말 참을 만큼 참았어"는 누가 누구에게 한 말일까요?

Q2. 티 나게 고생하는 오른손! 묵묵히 애쓰는 왼손! 서로의 입장만 내세웠던 이들에게 필요한 가치는 무엇일까요?

Q3. 오른손과 왼손이 함께해야만 할 수 있는 일은 무엇일까요? 이처럼 학급에서 우리가 함께해야만 할 수 있는 일은 무엇일까요?

▶ 함께 읽으면 좋을 그림책

- 『내 입장에서 생각해 봐!』 수잔나 이슨 글, 밀렌 리가우디 그림, 이종구 옮김, 세상모든책
- 『혼자가 좋을까? 둘이 좋을까?』 김다영·오은지 글·그림, 주니어이서원
- 『그런데, 어쩌면 말이야』 투비아 가드 오르 글, 메나헴 할버스타트 그림, 김인경 옮김, 책과콩나무

07 장래 희망을 고민하는 아이에게 도움을 주고 싶을 때

나의 꿈을 찾아 가는 여정 『**열두 살 장래 희망**』

고민 샘 아이들에게 진로 교육을 할 때마다 곤란한 일이 생겨요. 자신은 딱히 꿈도 없고 잘하는 것도 없는데, 커서 어떤 직업을 가질 수 있을지 모르겠다는 아이도 있고요. 아이들이 장래 희망을 찾을 수 있게 도움을 주고 싶은데, 어떻게 하면 좋을까요?

다홍 샘 아이들이 장래 희망을 선뜻 말하지 못하는 이유는 자신이 무엇을 좋아하는지, 어떤 사람이 되어야 하는지 몰라서일 때가 많아요. 장래 희망을 정해진 직업에서 찾아야 한다고 생각하기 때문에 더 어려워하지요.

고민 샘 그렇군요. 정해진 직업 말고 어떤 방법으로 장래 희망을 찾을 수 있을까요?

다홍 샘 이럴 때 도움이 되는 그림책을 알고 있는데, 함께 읽고 생각을 나눠 볼까요? 이제부터 그림책을 통해 아이들의 장래 희망을 더 쉽고 재미있게 찾아봐요.

고민

"전 꿈이 없어요. 잘하는 것도 없어요"라며 장래 희망 탐색을 어려워하는 아이에게 어떻게 도움을 줄 수 있을까요?

그림책 이야기

#나를 알고 꿈을 찾아 가는 과정

교육부와 한국직업능력연구원이 발표한 '2021년 초중등 진로 교육 현황 조사'에 따르면, 희망 직업이 없다고 답한 학생 중 직업 선택이 어려운 이유를 '내가 무엇을 좋아하는지 몰라서(1위)', '내가 잘하는 것과 못하는 것을 몰라서(2위)'로 꼽았다. 장래 희망을 고민할 때, 가장 먼저 할 일은 자신을 돌아보는 것이다. 아이들은 주변 친구들과 매체 속 사람들에는 관심이 많지만 정작 자신에게는 무관심할 때가 많다. 그러다 보니 장래 희망을 물으면 "꿈이 없어요", "좋아하는 게 없어요", "잘하는 게 없어요", "생각 안 해봤어요"라는 말이 먼저 나온다.

그림책『열두 살 장래 희망』은 '열두 살'이라는 제목에 국한하지 않고 꿈을 고민하는 아이라면 누구나 자신을 돌아볼 수 있게 한다. 이 책에는 '엉뚱한 상상을 많이 하는 사람', '궁금한 건 꼭 물어보는 사람', '백과사전처럼 아는 게 많은 사람', '지구를 사랑하는 사람' 등 각각 다른 서른 세 가지 특성을 지닌 사람이 등장한다. 이들의 이야기를 통해 장래 희망은 주변의 직업에서 찾아야 한다는 고정 관념을 깰 수 있다. 그리고 자연스럽게 '나의 모습' 또는 앞으로 '내가 되고 싶은 모습'을 찾게 된다.

『열두 살 장래 희망』
박성우 글, 홍그림 그림, 창비

"무엇이든 잘 고친다는 것은 아무 물건이나 막 만지는 게 아니야. 아무렇게나 뜯어보는 게 아니야. 작동 원리를 따져 가며 무엇이 문제인지 알아

내고 무엇이 잘못되었는지 하나하나 따져 보는 거야. 문제점을 정확히 짚어 내 뚝딱뚝딱 해결하는 거야."

"비밀을 잘 지킨다는 것은 누군가만 쏙 빼놓고 뒤에서 수군대는 게 아니야. 감추지 말아야 할 일을 숨기는 게 아니야. 굳이 남에게 알리지 않아도 될 말을 전하지 않는 거야. 괜히 말할 필요가 없는 얘기는 끝까지 하지 않는 거야."

_본문에서

그림책은 다양한 이들의 모습을 소개하면서 삶의 바른 가치도 함께 제시해 주어, 다른 사람들과 행복하게 살아가는 방법을 자연스럽게 익히게 한다. 그래서 아이들이 장래 희망을 고민할 때 곧바로 직업 찾기에 들어가지 말고, 이 책과 함께 자신을 먼저 돌아보면 훨씬 도움이 된다.

그림책 수업 활동

#나에 대해 알아 가기

먼저 그림책을 읽기 전에 자신을 한 문장으로 소개하는 시간을 가졌다. 소개글을 쓰기 쉽게 아래와 같은 문장 틀을 제시했다.

"나는 _____ 사람입니다. 그 이유는 _____ 때문입니다."

자신을 동물이나 캐릭터에 비유한 아이, 자신의 성격을 말하는 아이, 요리나 게임 등 자신이 좋아하는 것을 말하는 아이, 그림 그리기와 달리기같이 자기가 잘하는 것을 말하는 아이도 있었지만, 잘 모르겠다고 말한 아이들도 생각보다 많았다. 그런 아이들은 『열두 살 장래 희망』을 함께 읽고 다시 생각할 기회가 있기에 발표 기회를 다음 친구에게 넘기게 했다.

아이들에게 「개미와 베짱이」 우화를 들려주었다. 우리가 익히 아는 이 이야기는 여름 내내 악기를 연주하며 놀던 베짱이가 겨울이 되자 먹을거리가 없어 개미를 찾아가지만 비웃음만 산다는 내용이다. 그래서 보통 '게으른 베짱이'와 '부지런한 개미'를 연상한다. 하지만 아이들에게는 다른 시각으로 바라본 개미와 베짱이 이야기를 들려주었다. 겨울이 되고 먹을거리가 없어 개미네 집을 찾아간 베짱이에게 개미는 이렇게 제안한다.

"겨울이 되어서 집에만 있으니까 너무 심심하다. 베짱아, 혹시 신나는 음악을 연주해 줄 수 있어? 그럼 내가 맛있는 밥을 해 줄게."

그러자 베짱이는 흔쾌히 연주를 시작했고, 신나는 음악을 들은 개미는 심심하고 우울했던 기분이 나아지는 것을 느꼈다. 그러면서 개미는 깨달았다.

'아! 내가 여름 내내 힘든 것도 잊고 열심히 일할 수 있었던 것은 베짱이가 옆에서 음악을 연주해 줬기 때문이구나! 베짱이는 정말 멋진 재능을 가지고 있었던 거야!'

우리는 그동안 베짱이를 게으르다고만 생각했다. 하지만 개미의 깨달음처럼 베짱이에게는 남들이 가지지 못한 재능이 있었다. 이 사실은 베짱이도 미처 알지 못했던 것 같다. 만약 베짱이가 자신의 재능을 좀 더 빨리 알았다면, 연주가가 되어 열심히 일하는 개미 친구들을 위해 음악을 들려주고 개미가 모은 양식을 당당하게 받아먹었을지도 모른다. '게

으름뱅이 베짱이'가 아닌 '연주가 베짱이'라는 멋진 타이틀을 달고서 말이다.

아이들에게 다른 시각의 「개미와 베짱이」 이야기를 들려준 이유는 자신에게 관심을 가지고 바르게 아는 것이 꿈을 찾는 데 얼마나 중요한지 알게 하기 위해서였다. '나의 꿈 찾기' 활동에 동기를 부여한 것이다. 그러고 나서 『열두 살 장래 희망』을 일주일 동안 긴 호흡으로 함께 읽었다. 서른세 명의 등장인물을 만나는 것도 좋았지만, 그림과 함께 실린 글들이 아이들의 마음을 두드렸다. 아이들에게 책을 보는 동안 자신과 비슷한 점이 있거나 앞으로 되고 싶은 사람의 모습이 나오면 색인표 메모지를 붙이게 했다. 책 읽기를 마치자 색인표 메모지가 세 개인 아이부터 열한 개인 아이까지 다양했다.

#'나의 꿈 찾기 게임' 하기

책에 등장하는 서른세 명의 모습을 그림 카드로 만든 뒤 책상 위에 카드를 모두 펼쳐 놓고 '나의 꿈 찾기' 게임을 시작했다.

친구들을 위해
먼저 나서는 사람

엉뚱한 상상을
많이 하는 사람

요리를
좋아하는 사람

백과사전처럼
아는 게 많은 사람

게임 방법은 다음과 같다.

Ⅱ. 마음의 어려움 다독이기

<'나의 꿈 찾기 게임' 방법>

1. 서른세 장의 카드 중 내가 되고 싶은 사람이 아니거나 나와 관련이 없다고 생각하는 카드 여덟 장을 골라 왼쪽에 놓는다.
2. 다음으로 나와 조금 거리가 있다고 생각하는 카드 열 장을 골라 왼쪽에 놓는다.
3. 고민 끝에 살아남은 소중한 카드 열다섯 장 중에서 내가 되고 싶거나 나와 가장 가깝다고 생각하는 카드 다섯 장을 골라 오른쪽에 놓는다.

아이들의 흥미와 편의를 위해 카드를 만들었지만, 책 속 차례에 나오는 서른세 가지 사람을 보고 메모해 가며 게임을 진행해도 괜찮다. '나의 꿈 찾기 게임'을 하는 동안 아이들은 쉽게 결정을 내리지 못하고 괴성을 지르고 머리를 쥐어뜯으며 고민했다. 그런 모습을 보면서 '아이들이 지금 자신을 잘 돌아보고 있구나!'라는 생각이 들어 내심 흐뭇했다. 이때 앞서 책을 읽으면서 붙인 색인표 메모지를 참고해도 좋고, 선택을 바꿔도 좋다고 이야기해 주었다.

'나의 꿈 찾기 게임'을 마치고 각자에게 마지막까지 살아남은 카드를 발표했다. 아이들은 "나랑 똑같아"라거나 "맞아. ○○는 궁금한 건 꼭 물어보잖아" 하면서 자신과 비슷한 점을 찾거나 맞장구를 쳤다. 이 과정에서 책에 등장하는 서른세 명의 모습 외에 자신이 되고 싶거나 자신과 가장 가깝다고 생각하는 사람이 떠올랐으면 그것을 발표해도 좋다고 말해 주었다. 책에는 없는 다른 사람의 모습이 충분히 떠오를 수 있다고 생각했기 때문이다. 그러자 아이들은 '글씨를 잘 쓰는 사람', '옷을 잘 입는 사람', '친절한 사람', '인사를 잘하는 사람', '집중력이 좋은 사람' 등 자신의 긍정적인 모습이 담긴 새로운 사람들을 찾아내 발표했다.

다음으로 모둠별로 모여 '나의 꿈 찾기 게임' 활동지를 공유했다. 그리고 사람의 특징에 어울리는 직업을 함께 찾아보았다. 자신의 꿈뿐 아니라 친구의 꿈에 관심을 가지면서 서로에게 어울리는 직업을 찾아 주는 아이들이 즐거워 보였다. 다음은 아이들이 찾은 직업 중 일부다.

사람의 특징		직업
비밀을 잘 지키는 사람이나 고민을 잘 들어주는 사람	▶	상담사
백과사전처럼 아는 게 많은 사람	▶	수학자, 변호사, 선생님
아침에 일찍 일어나는 사람	▶	아이돌 연습생
지구를 사랑하는 사람	▶	환경미화원
잘 웃거나 잘 우는 사람	▶	배우
엉뚱한 상상을 많이 하는 사람	▶	개그맨, 유튜버
어린이의 마음으로 사는 사람	▶	동화 작가, 동요 작곡가
약속을 잘 지키는 사람, 친구들을 위해 먼저 나서는 사람	▶	대통령, 경찰관, 소방관

#나의 꿈을 투영한 관절 인형 만들기

지금까지 여러 활동을 하면서 찾은 자신의 꿈을 관절 인형을 만들면서 되새겼다. 관절 인형은 팔과 다리가 자유롭게 움직이는 사람 형상이라 자신의 모습을 투영하기 적합한 수업 도구다. 각자가 만든 관절 인형을 앞으로 가지고 나와 '나의 장래 희망'이라는 주제로 발표했다. 관절 인형을 활용하니 발표를 쑥스러워하던 아이들도 인형 놀이하듯 편하고 즐겁게 이야기했다. 이런 시간을 통해 아이들은 스스로를 돌아보며 자신의 꿈에 한 발 더 다가갈 수 있다.

<나의 꿈을 투영한 관절 인형 만드는 방법>

1. 머리, 팔, 손, 몸통, 다리, 발이 분리된 관절 인형 도안에 나의 장래 희망을 생각하며 그림을 그린다.
2. 기본 도안만 주어지기 때문에 머리카락, 모자, 손에 들 수 있는 소품 등은 도화지에 따로 그려서 오려 붙인다.
3. 메모지에 나의 이름과 직업 또는 내가 되고 싶은 사람을 써서 붙인다.

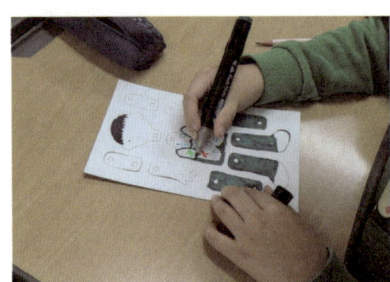 

나의 꿈을 투영한 관절 인형 만들기

패션 디자이너 　 곤충학자 　 춤추는 변호사 　 의사

가수 　 유튜버 　 나의 꿈을 투영한 관절 인형들

내가 어떤 사람인지, 앞으로 무엇을 하고 싶은지 잘 모르는 아이들. 그렇다 보니 어떤 꿈을 꾸면서 무엇에 더 집중해야 하는지 모르는 아이들이 생각보다 많다. 자신을 너무 몰라 꿈꾸는 게 어려운 것이다. 그림책 『열두 살 장래 희망』은 이런 아이들에게 신선한 자극을 준다. 그림책과 함께 나의 꿈 찾기 여정에 동참하면, 자신이 무엇을 좋아하고 무엇을 잘하는지 탐색하는 고민의 시간이 열린다. 그리고 진정한 자신의 꿈을 마주하게 된다.

✏️ 그림책으로 '나의 꿈 찾기' 레벨 UP!

그림책 『열두 살 장래 희망』으로 '나의 꿈 찾기' 수업을 디자인해 보세요.

✏️ 그림책으로 아이들과 나눌 수 있는 질문

Q1. 내가 좋아하는 것 혹은 내가 잘하는 것을 생각나는 대로 자유롭게 적어 볼까요?

Q2. 책 속의 다양한 사람들 중에서 내가 꿈꾸는 미래의 모습을 찾아볼까요?

Q3. 내가 꿈꾼 미래 모습과 어울리는 직업을 떠올려 보고, 친구들과 이야기 나눠 볼까요?

✏️ 함께 읽으면 좋은 그림책

- 『내 꿈은 말이야!』 토네 사토에 글·그림, 엄혜숙 옮김, 봄봄
- 『시몬의 꿈』 루스 마리나 발타사르 글·그림, 문주선 옮김, 찰리북
- 『쥐돌이와 신나는 음악회』 나카에 요시오 글, 우에노 노리코 그림, 고향옥 옮김, 비룡소

08 자기 모습에 자신감 없는 아이가 자신을 사랑하도록 돕고 싶을 때

나 자체로 소중한 자기 긍정주의 『난 나의 춤을 춰』

😟 **고민 샘**   도덕 시간에 자신이 생각하는 장점과 좋은 점에 관해 이야기 나누는데, 아이들이 선뜻 말을 못하더라고요. 어떤 아이들은 장점이 없는 것 같다고 하고, 잘하는 게 뭔지 모르겠다는 아이들도 있어서 안타까웠어요.

😊 **봉봉 샘**   제게도 그런 경험이 있어요. 아이들은 장점보다 단점을 더 잘 떠올리는 것 같아요. 그림책 『수영장에 간 아빠』(유진 글·그림, 한림출판사)를 읽고 주인공처럼 자신이 못한다고 생각하는 걸 써 보라고 했더니, 칠판이 가득 찰 정도로 빼곡했던 기억이 나네요.

😟 **고민 샘**   아이들이 스스로한테 자신감을 가지면 좋겠는데, 어떻게 하면 재미있고 효과적으로 알려 줄 수 있을지 고민돼요.

😊 **봉봉 샘**   자신을 소중히 여기고 긍정적으로 생각하게 만드는 그림책 수업 이야기를 들려드릴게요.

고민

요새 아이들은 자신을 잘 몰라요. 자신감도 부족하고요. 자신을 사랑하는 법을 알려 주고 싶어요.

Ⅱ. 마음의 어려움 다독이기

그림책 이야기

#자신을 긍정하는 힘 기르기

미국의 유명 코미디언이자 영화배우인 루실 볼(Lucille Ball)은 자기 긍정에 관해 이렇게 이야기했다.

"자신을 먼저 사랑하라. 그러면 다른 모든 것들도 마찬가지가 된다."

_루실 볼

자신을 긍정하고 사랑하는 마음을 갖기 위해서는 '자신에 대한 이해'가 먼저 이뤄져야 한다. 자신을 천천히 살펴보며 내가 무엇을 잘하는지, 어떤 것을 좋아하는지, 나를 기쁘게 만드는 것은 무엇이고 나는 어떤 데서 불편함을 느끼는지 생각하는 시간이 필요하다. 문제는 너무 바쁘게 살다 보니 나에 관해 생각하는 시간이 점점 줄어드는 것이다.

『난 나의 춤을 춰』
다비드 칼리 글,
클로틸드 들라크루아 그림,
이세진 옮김, 모래알

이 현상은 어른과 아이를 가리지 않는다. 초등학교만 입학해도 아이들이 해야 할 일은 기하급수적으로 늘어난다. 해야 할 일들에 밀려 '자기 바라보기'는 수면 위로 올라오지도 않는다. 어른인 우리가 아이들에게 주어야 할 것은 단순한 지식이 아니라, '나'에 관해 생각하는 기회를 제공하는 일일지도 모른다. 더불어 자신의 고유한 개성을 지켜 나가도록 응원하고 격려하는 사회 문화를 만들어 가는 것도 필요하다. 애써 찾은 자신을 잃어버리지 않고 지켜 나갈 수 있도록 말이다.

　그림책 『난 나의 춤을 춰』의 주인공 오데트는 자신을 잘 안다. 자신을 기분 좋게 만드는 음식도, 꿀벌 옷을 입고 춤출 때 온전한 자신으로 존재한다는 사실도 알고 있다. 하지만 학교에서는 자신의 고유한 모습을 지키기가 어렵다. 주위 친구들과 자신을 비교하며 다른 아이들과 비슷하게 맞추려고 한다. 그림책은 세 부분으로 구성되어 있다. 처음은 오데트 본연의 모습, 중간 부분은 오데트가 자신을 다른 사람의 기대에 맞추려고 노력하는 모습, 마지막은 오데트가 좋아하는 작가를 만난 뒤 자신을 긍정하고 사랑하는 모습이다. 중요한 점은 주위의 기대에 흔들리던 오데트가 중심을 잡고 설 수 있게 한 롤 모델이 존재한다는 것이다.

　아이들에게도 이런 롤 모델이 필요하다. 학교에서는 교사, 가정에서는 부모가 그런 역할을 하면 좋겠다. 교실에서는 아이들끼리 인정하고 격려하는 문화가 자리 잡혀, 서로에게 의미 있는 롤 모델이 되면 바랄 게 없겠다. 자신을 이해하고 긍정하고 사랑하는 모습을 담은 그림책을 함께 읽고 꾸준히 대화를 나눈다면, 아이들의 마음에 자존감이 조금씩 차오르지 않을까.

그림책 수업 활동

#그림책에 풍덩! 빠지기

　그림책 수업은 아이들이 그림책에 몰입하는 환경을 만드는 것이 중요하다. 그림책에 풍덩 빠져들게 하고 싶다면 책을 보여 주는 순간부터 아이들과 함께 호흡할 수 있는 내용으로 구성해야 한다. 그림책 『난 나의 춤을 춰』를 보여 주기 전에 책 제목을 가린 앞표지를 인쇄해 나눠 주고 아이들에게 물었다.

"표지를 잘 살펴보고 오늘 함께 나눌 그림책 제목이 무엇인지 추측해 볼까?"

표지 그림을 이리저리 살피며 제목을 유추하는 아이들의 모습이 보기 좋다. 하지만 표지만 보고 그림책 제목을 맞추기는 쉽지 않다. 힌트를 조금씩 주면서 그림책에 빠져들 수 있게 시동을 걸어야 한다.

"선생님이 첫 번째 힌트를 줄게. 제목은 여섯 글자야."

교사는 아이들이 쓴 제목을 둘러보며 새로운 힌트를 줘야 할지, 제목을 공개해야 할지 빠르게 판단한다. 아이들이 헤매고 있다면 다시 개입한다.

"두 번째 힌트를 줄게. 선생님이 칠판에 글자 여섯 개를 섞어 놓을 거야. 너희가 다시 배열해서 그림책 제목을 적어 보자."

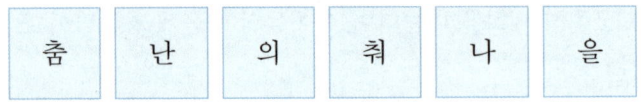

이 정도 알려 주면 대부분 아이들은 제목을 알아맞힌다. 그림책 제목을 예상하는 간단한 활동이지만, 곧장 그림책 본문을 읽는 것과는 큰 차이가 있다. 표지를 인쇄하지 않고 그림책을 바로 보여줄 때는 앞표지와 책등에 적힌 제목을 가려야 하는 점을 명심한다.

그림책 제목을 소리 내어 읽은 뒤 앞표지와 뒤표지를 함께 살피고 소개 글도 읽어 본다. 잠시 멈추었다가 아이들을 둘러보며 말을 이어 간다.

"선생님은 그림책 속 내용이 궁금한데, 너희들은 어떻게 예상했는지 육각 보드에 써서 보여 주겠니?"

 과학 시간에 배운 관찰 방법인 현미경 기법을 활용해 표지를 관찰할 시간을 준다. 육각 보드를 나눠 주고 예측한 내용을 적게 하고, 육각 보드가 더 필요한 아이들에게는 육각 보드를 더 주고 내용을 이어 가도록 안내한다. 다 적은 아이들은 육각 보드를 칠판에 붙인다. 모든 아이들의 예측이 끝나면 육각 보드를 하나씩 떼면서 친구들이 적은 내용을 공유하는 시간을 갖는다. 다른 친구들의 생각을 듣는 것은 중요하다. 한 공간에 있고 같은 그림책 표지를 봤지만 서로 다른 이야기를 풀어내는 것을 보면서, 사람들이 가진 생각의 다양성을 이해하고 자신의 생각을 다듬을 수 있기 때문이다.

그림책 제목 예상하기

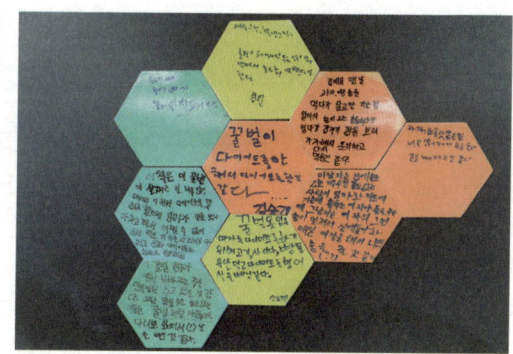
육각 보드에 아이들이 예측한 그림책 내용 적기

#나만의 춤추기와 오데트에게 보내는 말

 『난 나의 춤을 춰』의 주인공 오데트가 좋아하는 일 중 하나는 자기 방에서 꿀벌 옷을 입고 노래에 맞춰 자유롭게 춤추는 것이다. 오데트는 이미 자신을 기쁘게 만드는 것이 무엇인지 알고 있고, 그것을 행할 줄도 안

II. 마음의 어려움 다독이기   163

다. 우리 아이들도 어렸을 때는 타인의 눈을 의식하지 않고 자신이 좋아하는 일을 거침없이 행했을 것이다. 유치원과 초등학교 저학년 시기는 대부분의 중심이 자기 자신에게 있다. 학년이 올라가면서 부모와 친구들의 반응 등 주위를 의식하기 시작한다. 그러면서 자신이 가진 고유한 개성들을 조금씩 감춘다. 친구들의 시선을 크게 의식하지 않는 아이도 있지만, 발달 단계 특성상 다른 이들의 시선을 예민하게 인지하는 아이가 많다.

아이들이 교실 속에서 조금은 편안하게 자신의 본모습을 탐색하는 시간을 주고 싶었다. 그림책 속 오데트가 즐겁게 춤춘 장면에 착안해, 아이들에게 안대를 하나씩 나누어 주고 음악을 틀어 주었다. 아무리 춤추는 것을 좋아하더라도 환한 대낮에 교실에서 친구들이 쳐다보는 가운데 춤을 추는 것은 큰 부담이어서 안대를 준비했다. 자신이 춤추는 것을 좋아하는지 그렇지 않은지는 직접 해 봐야 알 수 있다. 미리 짐작해 아무것도 하지 않기보다, 다양한 것을 경험해 보고 판단하는 것이 중요하다. 특히 초등학교 시기는 더 그래야만 한다. 이것저것 많은 것을 경험하고 자신을 만들어 가는 시기이기 때문이다.

음악 선정에도 고민이 많았는데, 그림책 주제와 잘 어울리는 마마무의 '나는 안다르다'와 아이유의 'Celebrity'를 골라 크게 틀어 줬다. 아이들은 자유롭게 춤을 추다가 교사가 터치하면 안대를 벗고 다른 친구들의 모습을 10초 정도 바라봤다.

『난 나의 춤을 춰』의 오데트는 가족이나 친구, 선생님 등 주위 사람들의 시선을 의식하며 그들의 기대에 맞춰 자신을 바꾸려고 한다. 자신이 좋아하는 음식을 참으며 살을 빼려 노력하기도 한다. 아이들은 이런 오데트를 보고 어떤 마음이 들었을지 궁금했다. 그림책을 읽은 아이들이 오데트의 마음에 자신의 마음을 겹쳐 보는 시간을 갖기 위해, 단순히 질문을 던지고 대답하는 대신 조금 더 정성을 들이기로 했다.

　모둠별로 격려 카드를 나눠 주고 카드에 담긴 말을 넣어 오데트에게 보내는 응원 엽서를 썼다. A4 용지보다는 캘리그래피 엽서나 카드를 활용하면 조금 더 정성스럽게 글을 쓰는 모습을 볼 수 있다. 격려 카드 덕분에 평소 글쓰기를 어려워하는 친구들도 쉽게 써 내려갔고, 내용도 더 풍성해졌다.

오데트에게 보내는 응원 엽서

#나에 관해 생각해 보는 시간

　그림책 수업이 진정 의미가 있으려면 아이들의 삶과 연결되는 지점을 만들어야 한다. 그림책 이야기가 책 속에만 존재하는 것이 아니라, 현재를 사는 나와도 관계가 있음을 아이들이 알아야 하기 때문이다. 피상적으로 받아들여지는 그림책과, 내 삶과 관련된 연결 지점이 있는 그림책 중 어느 쪽이 더 아이들 마음에 오래 남고 실제적인 변화를 이끌어 낼까?

아이들에게 자신이 좋아하는 것을 적어 보라고 하면 대부분 제대로 쓰지 못한다. 글쓰기가 귀찮아서가 아니고 평소에 자신에 관해 생각해 볼 기회가 없기 때문일 가능성이 높다. 자신에 관해 고민하는 대신 해야 하는 일들을 쳇바퀴 돌듯 살아왔을 테다. 이때는 질문의 범위를 줄여 주면 좋다. 예를 들어 "자신이 좋아하는 것을 적어 볼까?"라는 질문 대신 "네가 좋아하는 운동을 적어 보자. 너는 어떤 음식을 먹을 때 행복하니? 요즘 네가 가장 많이 하는 활동은 뭐야?"처럼 질문의 크기 자체를 줄여야 한다.

아이들의 대답을 쉽게 끌어내는 방법을 하나 더 소개하면, 동시를 활용하는 것이다. 동시집에 나온 시들 중 자신에 관해 생각하는 계기가 될 만한 시를 선택해 시의 내용을 바꿔 보는 방법이다. 왼쪽에는 원래 시를 적고, 오른쪽에는 아이들이 직접 써넣을 부분을 괄호로 제시한다. 활동 순서는 원래 시를 교사가 한 번 낭송하고 다음으로 아이들이 낭송하게 한다. 아이들이 시의 내용을 이해했다면 괄호 안을 채우도록 안내한다. 이때 중요한 것은 자신에 관해 천천히 생각해 보는 일이다. 대충 괄호만 채우지 않도록 꼭 미리 안내하고, 아이들이 내용을 다 쓰면 돌아가며 바꾼 시를 낭송한다. 한 명씩 시 낭송이 끝날 때마다 질문 시간을 줘 다른 친구들이 궁금해하는 점을 묻고 답할 수 있게 하면 수업이 더 풍성해진다.

'생각을 깨뜨리는 도끼 질문 만들기' 활동은 그림책 이야기를 심화시켜 자신의 삶을 돌아보게 만드는 과정이다. 그림책 뒤표지에 쓰인 문구

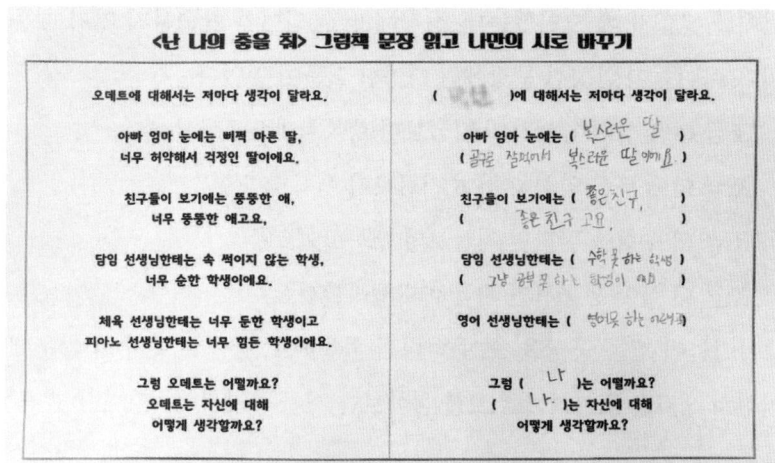

나에 관한 내용으로 시 바꾸기

에서 아이디어를 얻어 활동을 진행했다. 뒤표지에는 '조금 더 날씬하면 지금보다 행복할까요?'라는 질문이 적혀 있다. 이걸 활용해 아이들에게 '조금 더 (   )하면 지금보다 행복할까요?'라고 적힌 포스트잇을 주고, 괄호 안에 원하는 단어를 넣어 문장을 만들게 했다. 아이들은 어떤

II. 마음의 어려움 다독이기   167

단어를 넣을지 꽤 고민했는데, 문장에 담긴 의미가 단순하지 않기 때문이다. 아이들이 완성한 문장에는 다양한 질문이 있었다.

"조금 더 열심히 참여하면 지금보다 행복할까요?"
"조금 더 공부를 열심히 하면 지금보다 행복할까요?"
"조금 더 수학을 잘하면 지금보다 행복할까요?"
"조금 더 살이 통통하면 지금보다 행복할까요?"

아이들이 만든 문장을 모아 하나의 활동지로 만들고, 친구의 질문에 자신의 생각을 적으며 스스로를 돌아보는 시간을 가졌다.

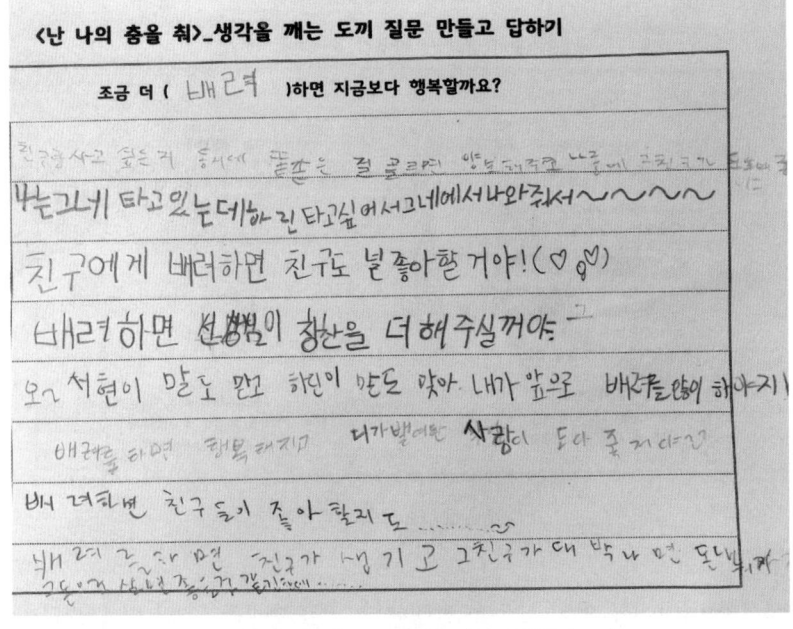

'생각을 깨뜨리는 도끼 질문 만들기' 활동지

✏️ 자신을 깊이 이해하는 수업 디자인하기

그림책 『난 나의 춤을 춰』 주인공처럼 아이들이 자신을 기쁘게 만드는 것을 찾고 실천하는 활동을 디자인해 보세요.

✏️ 그림책으로 아이들과 나눌 수 있는 질문

Q1. 오데트가 꿀벌 옷을 입고 춤을 추는 것처럼, 나를 기분 좋게 만드는 일은 무엇이 있나요?

Q2. 오데트가 다이어트를 위해 자신이 좋아하는 것을 못 먹을 때 어떤 감정이었을까요? (감정 카드에서 선택하고 이야기 나누기)

Q3. 책을 읽은 후 오데트에게 엽서를 보낸다면 어떤 말을 해 주고 싶은지 적어 볼까요?

✏️ 함께 읽으면 좋은 그림책

- 『나는 나예요』 수전 베르데 글, 피터 H. 레이놀즈 그림, 김여진 옮김, 위즈덤하우스
- 『오늘은 나도 슈퍼 영웅!』 스테파티 클락슨 글, 그웬 밀워드 그림, 고영이 옮김, 사파리
- 『난 네가 부러워』 영민 글·그림, 뜨인돌어린이

09 사춘기 몸과 마음의 변화로 혼란스러운 아이를 지도할 때

선생님과 함께하는 FUN한 성(性)교육 『빨강은 아름다워』

☹ 고민 샘	선생님 반에도 성에 관심이 많은 아이가 있죠? 어떻게 지도할지 고민이에요.
☺ 아주 샘	저도 성교육을 계획 중인데 어렵긴 마찬가지예요. 저는 그림책을 활용해서 자연스럽고 재미있게 이야기를 꺼내 보려고 해요.
☹ 고민 샘	성교육을 그림책으로 한다고요? 그림책은 유아 대상이라 유아 수준의 성교육만 가능하지 않을까요? 성교육 후 민감한 부분을 다루었다고 학부모님께 민원 전화를 받았다는 동료 선생님이 있어서, 성교육에 대한 부담이 더 커졌습니다.
☺ 아주 샘	맞아요. 성교육은 학생뿐 아니라 학부모님도 많이 민감해하죠. 하지만 우리의 책무를 피할 수는 없잖아요. 그림책은 사춘기 몸의 변화에 대한 이해, 성폭력 피해 이야기, 이성 교제, 외모 고민 등 성교육과 접목해 다양한 분야를 지도하기에 알맞아요. 제가 계획 중인 성교육 수업을 소개할게요. 도움이 되면 좋겠네요.

> **고민**
> 교실에서 성교육하기가 어려워요. 그림책을 활용한 성교육 방법을 알려 주세요.

그림책 이야기

#민감하고 조심스러운 성교육

교사는 국어, 수학, 과학, 사회 등 열 개 교과뿐 아니라, 창의적 체험 활동 시간을 통해 국가나 사회적으로 요구되는 학습, 교과 경계를 가로지르는 종합적 내용에 관해 '범교과 학습'이라 칭하는 주제들을 교육할 의무가 있다. 「2015 개정 교육과정」은 이들을 열 개 주제로 범주화하고 학교 실정에 따라 다양하고 특색 있게 운영할 것을 권장한다. 아울러 이슈를 담고 있는 주제의 경우, 가치나 이념, 종교, 정치적 성향을 배제하고 중립적으로 교육하도록 권한다.

성교육은 '안전·건강' 주제에서 다루는 내용이다. 특히 5학년의 경우 실과에서 '아동기에 나타나는 남녀의 성적 발달 변화를 긍정적으로 이해하고 성적 발달과 관련한 자기 관리 방법을 탐색하여 실천한다'라는 성취 기준에 따라 6차시 교수·학습을 해야 한다.

평소 선생님들은 성교육에 관해 얼마나 고민할까? 성교육의 필요성에 얼마나 공감하는지도 궁금하다. 자신의 몸과 성, 이성과의 관계 등 꼭 지도해야 할 내용이 있지만, '어린 나이에 쓸데없는 이야기로 호기심만 자극하면 어쩌지?', '성에 보수적인 학부모로부터 민원을 받으면 어쩌지?', '다양한 가치관이 공존하는데 어느 지점에 맞추어 교육해야 할까?' 등 수많은 물음이 꼬리에 꼬리를 물고, 그러다 보면 문제를 일으키지 않는 안전한 수업을 계획하게 된다. 그래서 담임 교사가 할 수 있

『빨강은 아름다워』
루시아 자몰로 글·그림,
김경연 옮김, 사계절

는 성교육은 생식 기관 용어와 몸의 변화 같은 이론적이고 일반적인 내용 안내에 그치고 만다. 성에 관련된 이슈들이 학생들의 삶에 어떤 영향을 미치는지 생각해 보는 수업으로 나아가지 못한 채, 시수만 채우는 교육이 되기 십상이다.

하지만 스마트폰의 등장으로 아이들은 이미 무분별한 성 문화에 노출되어 있다. 소셜 미디어, 웹툰, 웹 소설 등 다양한 온라인 경로를 통해 건강하지 않은 성적 가치관과 왜곡된 성 인식을 접하고 있다. 디지털 성폭력에까지 노출되는 실정이다. 'N번방 사건'이 우리 사회에 준 충격을 아직도 생생하게 기억한다. 가정이나 학교에서 성교육을 해야 하는 이유다.

성이 있기에 인간은 세상에 존재할 수 있다. 우리 생명이 성에서 시작되었다는 사실을 아는 것과 성에 대해 올바른 인식을 갖는 것은 자신이 누구인지를 성찰하는 바탕이다. 또한 여성과 남성의 차이를 이해하고 존중을 배우는 것은 성숙한 민주 시민 교육의 핵심이라 할 수 있다. 성이 다르다는 것은 차별과 혐오가 아니라, 서로 협력해야 하는 이유가 된다. 따라서 성교육은 아이들이 자신을 바르게 이해하고 차이를 존중하는 민주 시민으로 성장하는 발판이다.

하지만 현실은 매우 혹독하다. 여성가족부는 2019년부터 '자기 긍정, 다양성, 공존'이라는 핵심 가치를 담은 '나다움 어린이책'을 선정해 목록을 발표해 왔다. 성 인지 감수성, 성평등을 교육할 우수 도서를 선정하고 보급하는 것이 그 취지다. 그러나 보수 종교 단체와 일부 학부모가 선정된 책을 '유해 도서'로 규정하면서, 도서관과 학교는 이들 책의 열람을 제한하고 책을 폐기하도록 요구했다. 이어 국회 교육위원회 전체 회의에서 일부 책이 논란의 도마에 올랐고, '나다움 어린이책' 사업은 시행 2년 만에 조기 종료되고 말았다. 이후『오늘의 어린이책』목록서를 통해 '나다움 도서'를 선정해 발표하고 있지만, 성교육 관련 도서는 다양하게 수록되지 못해 아쉬움이 남는다.

그림책 수업 활동

#나의 일부, 부끄러움이 아닌 자랑스러움으로

사춘기에 접어들어 한창 예민한 6학년 아이들과 성에 관해 이야기하는 건 분명 부담스럽다. 그래서 처음부터 성교육으로 들어가지 않고 '사춘기 프로젝트' 수업을 계획했다. 여러 교과 시간에 사춘기에 관해 생각하면서 먼저 마음을 열게 만드는 것이 목적이었다. 예를 들어 국어 시간에는 사춘기와 관련된 시를 찾아 읽거나 관련 낱말을 살필 수 있다. 시집 『바람의 사춘기』(박혜선 글, 백두리 그림, 사계절)는 사춘기 마음을 잘 표현해서, 국어 1단원의 '비유하는 표현'을 지도할 때 보충 시로 활용하면 좋다. 재량 시간이나 실과 시간을 이용해 슬기로운 사춘기를 보내기 위해 어떤 노력이 필요할지 생각하는 시간도 가져 본다.

나의 경우는 미술과 실과를 통합해 그림책을 활용한 성교육 수업을 진행했다. 먼저 아이들에게 우리 반 구성원을 크게 둘로 나누어 보자고 했다. 아이들은 '성'을 기준으로 남성과 여성으로 구분했다. 태어나면서부터 인간은 나와 다른 성을 가진 사람과 함께 살아간다는 점을 상기시켰다. 서로가 서로에 관해 얼마나 알고 있는지도 물었다. 남학생에게는 여성의 사춘기 특징을, 여학생에게는 남성의 사춘기 특징을 각각 쓰게 했다. 아이들은 한동안 생각에 잠겼다. 뭘 써야 할지 모르겠다는 아이도 있고, '이 말을 써도 되나?' 혼잣말하며 쓰기를 주저하는 아이도 있었다. 어떤 것이라도 좋으니 써 보자고 독려한 뒤, 아이들이 포스트잇에 쓴 특징들을 함께 살펴보았다. 5학년 실과 수업에서 '몸의 변화'를 공부했는데도 아이들은 선뜻 특징을 쓰지 못했다. 잘 모르기도 하지만 부끄러운 마음이 더 컸을 것이다. '무지'와 '수치심'이 이번 수업에서 극복해야 할 과제가 되었다. 본격적으로 그림책 『빨강은 아름다워』 읽기에 들어갔다.

표지를 가득 채운 빨강을 보고 무엇이 떠오르는지 물었다. 피가 떠오른다고 답하는 학생이 있었다. 빨강의 느낌도 물었다. "무섭다", "강하다", "아프다" 등의 느낌을 말해 주었다. 이를 활용해 문장을 완성해 보았다. '빨강은 무섭다.' '빨강은 강하다.' '빨강은 아프다.' 또 다른 의견이 없는지 물었다. 충분히 생각할 시간을 주고 그림책의 제목을 공개했다. 이어 제목 오른쪽에 있는 그림도 보여 주었다. 무엇에 관한 책일지 물었다. 답은 알고 있지만 손을 들고 시원하게 말하는 아이가 없었다. 한참 뒤 "생리요"라는 답이 나왔다. 자신의 몸과 그 몸에서 일어나는 일에 대한 부끄러움이 얼마나 커다랗게 자리하고 있는지 알 수 있었다.

그림책 『빨강은 아름다워』는 생리 전 증후군부터 생리 시 통증을 완화하는 방법, 생리에 대한 잘못된 인식 등 생리와 관련한 자세한 정보들을 그림과 함께 흥미롭게 보여 준다. 책을 다 읽고 활동하기에는 분량이 다소 많아 부분 부분 선택해서 함께 이야기 나누는 형식으로 진행했다. 무지를 깨달았으니 우리의 무지함에 따른 현상들을 살펴보는 활동을 먼저 실시했다.

모르기 때문에 두려워하고 혐오하게 되는 원리를 살펴보고, 알아야 하는 필요성에 공감하며 수업을 진행했다. 이 책에는 생리를 시작하고 나타나는 몸의 변화와 불편함, 그래서 감추기로 결심하는 과정이 그려진다. 그리고 결말에 이르러서는 생리가 세상에 생명을 선물하는 소중한 것이라고 말한다. 그러므로 생리는 매우 자랑스러운 일이라고 강조하며 이야기를 맺는다.

남학생도 여학생도 생리에 관해 알게 된 점, 느낀 점을 발표하고, 이행시를 써 보는 활동을 했다.

생리에 관해 알게 된 점과 느낀 점 쓰고 이행시 짓기

II. 마음의 어려움 다독이기

#경계로 배우는 존중의 성교육

수업을 시작할 때 사춘기 여학생의 특징으로 '예민하다'라고 적은 남학생이 많았다. 책을 읽고 활동을 한 뒤 남학생에게 여학생이 예민할 수 있는 상황이 이해가 되는지 물었다. 부정하는 학생이 없었다. 서로에 대한 이해, 즉 상대방을 아는 것은 나와 다름에 대한 존중으로 자연스럽게 이어질 수 있다. 두 번째 시간에는 그림책 『똑똑똑 선물 배달 왔어요』(허혜경·박희순 글·그림, 한그루)를 읽었다. 경계 존중에 관한 글과 푸드 표현 예술 작품이 어우러진 독특하고 아름다운 그림책이다.

아이들에게 경계를 의미하는 뻥튀기를 나눠 주고 자신을 표현하게 했다. '내가 온전히 나로 소중한 것', '나에 대한 이해와 존중'을 생각하며 자신을 표현하고, 다른 사람의 경계를 넘어갈 때 줄 선물을 써 보았다. 이때 개인별로 재료를 주지 않고 모둠별로 재료를 함께 쓰게 했다. '경계 존중'과 '동의 구하기'를 실천하는 기회로 삼기 위해서였다.

활동을 시작할 때 친구에게 동의를 구하고 서로 존중하며 활동을 이어 가기를 당부했다. 하지만 동의를 구하지 않고 재료를 가져가는 아이가 나오고, 재료로 장난을 쳐서 친구들에게 피해를 주는 아이도 있었다. 이때 과한 행동이 아니면 교사가 개입하지 않고 지켜본다. 활동을 마무리하며 느낀 점을 이야기하라고 하면 "모둠 친구가 동의를 구하지 않고 과자를 가져가서 아쉬웠다"는 의견이 꼭 나온다.

경계 존중과 동의 구하기는 한 번 경험해 봤다고 익숙해지지 않는다. 수업 마무리에 함께 생각을 나누며, 경계 존중과 동의 구하기는 지속적으로 실천하는 의지가 중요하다는 점을 다시 일깨워 주었다. 그냥 장난이었지만 자신의 행동에 불편함을 느낀 친구가 있었다는 사실을 깨닫고, 다음에는 고칠 것을 다짐하는 시간도 가졌다.

마지막으로 구호를 만들어 외쳤다. 교사가 "경계"를 외치면 학생들이 "존중"을 말한다. 교사가 "똑똑똑"을 외치면 학생들은 "동의를 구해요"라고 말하며, 수업 시간에 공부한 내용을 내면화하는 연습을 했다.

뻥튀기에 자신을 표현하기

 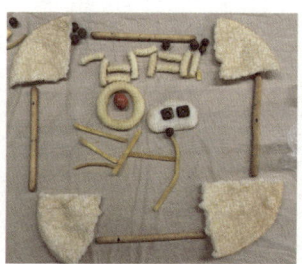 

경계 존중과 배려를 표현하는 활동

초코볼을 사용해
자신의 경계를 하트 모양으로 표현

감자 막대 과자로 자신의 경계와 함께
다른 사람과 연결되고 싶은 마음을 표현

성을 성기나 성행위 등으로 제한해 수치심과 부끄러운 것으로 인식하는 일은 없어야 한다. 성은 마음과 몸이다. 성교육을 통해 자아를 바르게 이해하고 서로의 다름을 존중하는 건강한 사람으로 성장하도록 우리가 도와야 한다.

✏️ 그림책으로 '경계 존중과 동의 구하기' 레벨 UP!

그림책 『빨강은 아름다워』를 통해 성인지 감수성을 기르고, 경계 존중을 실천할 수 있는 활동을 디자인해 보세요.

✏️ 그림책으로 아이들과 나눌 수 있는 질문

Q1. 여성과 남성의 사춘기적 특징에는 어떤 것이 있을까요?
Q2. 이성 친구에 대해 얼마나 이해하고 있나요?
Q3. 경계를 존중하며 생활하려면 어떤 노력을 해야 할까요?

✏️ 함께 읽으면 좋은 그림책

- 『똑똑똑 선물 배달 왔어요』 허혜경·박희순 글·그림, 한그루
- 『여자아이의 왕국』 이보나 흐미엘레프스카 글·그림, 이지원 옮김, 창비
- 『좋아서 껴안았는데, 왜?』 이현혜 글, 이효실 그림, 천개의바람

III. 관계의 어려움 보듬기

01 부모와의 갈등으로
힘들어하는 아이를 돕고 싶을 때

상대를 온전히 수용하는 마음 『완벽해』

궁금 샘	이제 곧 어버이날인데, 고학년을 맡으니 어버이날 계기 교육도 쉽지 않네요. 부모님과 갈등을 겪는 학생도 많고, 편지에 쓸 말이 없다고 해요. 선생님은 어버이날을 맞아 어떤 활동을 계획하고 계신가요?
아주 샘	우리 반에도 부모님과 관계가 안 좋은 아이가 있어요. 어머님이 전화해서 너무 힘들다며 눈물을 흘리시더라고요.
궁금 샘	선생님 반도 그렇군요. 학교에서는 모범적인 아이도 집에 가면 짜증과 분노를 부모님께 푸는 것 같아요. 생각해 보면 저도 사춘기 때 부모님과 사이가 안 좋았어요.
아주 샘	부모와 자녀 간 소통에 어려움을 겪는 가정이 참 많죠. 아이들은 부모에게 무조건적인 지지와 격려를 기대합니다. 그렇지만 부모님 눈에는 아이의 부족함이 보이고, 빨리 그 부족함을 메워 주고 싶어 해요. 아이의 문제를 당신 문제인 양 여기고, 대신 해결하려는 조급함 때문에 갈등이 생기곤 합니다.
궁금 샘	어떻게 하면 아이와 부모의 갈등을 줄일 수 있을까요?
아주 샘	부모와 자녀 사이의 갈등을 줄이고 원활하게 소통하는 데 도움을 주는 그림책을 소개할게요.

고민
아이가 부모님과의 갈등으로 많이 힘들어합니다. 교사로서 도울 방법이 있을까요?

그림책 이야기

#서로 다름 속에 완벽함 추구하기

한 생명이 태어나는 일은 기적과도 같다. 엄마의 몸을 통해 세상에 나온 아이는 생물학적인 성장만으로 살아갈 수 없다. 태어난 아이는 부모와의 '관계'를 통해 정서적으로도 성장한다. 인간에게는 관계를 맺으려는 욕구가 있다. 부모와의 바른 애착 관계는 세상을 살아가는 방식을 결정짓는 강력하고도 중요한 도구다. 자녀에게 부모의 사랑은 절대적이어서 부모는 아이에게 인정과 격려, 무비판적인 수용 경험을 풍부하게 제공해야 한다. 동시에 부모는 해야 할 일과 하지 말아야 할 일을 분명히 가르치고, 안전한 경계를 만들어 주는 역할도 해야 한다. 부모에게 지워진 책임과 역할의 무게가 가볍지 않다.

『완벽해』
맥스 아마토 글·그림,
이순영 옮김, 북극곰

그러나 부모도 사람인지라 한계가 있다. 부모 역시 상처 받는 연약한 존재이기에, 자녀의 과오와 미숙함 때문에 걱정과 두려움에 사로잡히기도 한다. 그럴 때마다 성급한 비판과 조언이 튀어나오고, 자녀와의 갈등은 심화된다. 자신의 마음을 돌보면서 바른 양육자로 살아가기 위한 노력이 지속적으로 요구되는 것이다. 부모의 마음을 느끼면서 그들의 어려움을 이해하고, 자녀로서 부모에게 위로를 전할 수 있는 그림책을 소개한다.

그림책 『완벽해』에는 등장인물이 둘 있다. 연필과 지우개다. 필통 속 사이좋은 짝꿍 같은 둘이다. 연필이 있는 곳에 지우개도 있다. 그런데 그림책 속 지우개는 완벽한 깨끗함을 추구한다. 연필이 낙서한 곳을 찾아가 기필코 지우고 만다. 장난꾸러기 연필은 보란 듯이 낙서를 하고 도망가기 일쑤다. 연필을 쫓아다니며 지우고 지우다 지쳐 버린 지우개에게서 양육자의 모습이 보인다.

서로 아주 가깝지만 반대되는 행동을 하는 사이가 있다. 연필은 쓰고 지우개는 지우는 것처럼, 누군가는 끝도 없이 치우고 누군가는 계속 어지르기만 한다. 하지 말라고 수백 번 말하는 누군가의 곁에는 끝까지 하고야 마는 누군가가 있다. 그림책 속 연필과 지우개를 보면 완벽을 추구하는 부모와 자유롭고 발랄한 자녀의 관계가 연상된다.

"정말 엉망이군."

_본문에서

그림책 바탕이 연필의 낙서로 온통 새까맣다. 그런데 지우개의 말처럼 이게 정말 엉망이기만 할까? 연필이 칠해 놓은 깜깜한 공간에서 망연자실하던 지우개는 우연히 '여백의 미'를 발견한다. 자신이 지나간 흰 자리를 가만히 보니 뭔가 그림이 될 것도 같다. 까만 바탕에 태양을 '지우고' 행성을 '지우니' 우주 공간이 탄생했다. 지워서 그리는 재미에 푹 빠진 지우개는 마침내 로켓을 '지우고' 로켓에 올라타 우주를 탈출한다.

한바탕 신나게 지우며 놀고 난 지우개는 연필의 마음을 느낀다. 연필이 벌이는 상황을 엉망으로만 치부하던 지우개에게 생각의 전환이 일어나는 순간이다.

우리 모두는 한때 어린아이였다. 교사도 부모도 모두가 말이다. 학부모에게도 어린 시절 양육자에게 받은 상처가 있을 것이다. '나는 절대 부모님처럼 아이를 키우지 않을 거야' 하고 다짐했지만, 막상 부모가 되고 보니 어린 시절 부모의 모습이 내게도 있어 당황스럽다.

그림책 말미에는 연필과 지우개가 함께 보여 주는 완벽한 놀이로 치유와 자유를 만끽할 수 있다. 서로가 다르기에 가능한 아름다운 하모니를 실감한다. 그림책 『완벽해』로 수업하는 동안 아이들 역시 상대를 있는 그대로를 존중하되, 내가 아닌 상대방 입장에서 바라보고 생각하는 선물 같은 시간을 경험하면 좋겠다.

그림책 수업 활동

#그림책으로 부모와 자녀 관계 살피기

대개 그림책은 표지에 중요한 메시지를 담고 있으므로 표지를 보며 충분히 이야기를 나눈다. 종이로 책 제목을 가리고 표지를 찬찬히 살피며 제목을 예측해 본다. 제목은 그림책을 모두 읽은 뒤 공개한다. 우리 반 아이들이 예측한 제목은 '짝꿍', '학용품', '우리는 친구', '단짝' 등이다.

"표지에 뭐가 보이니?"

"연필과 지우개요."

"이 둘은 어떤 사이 같니?"

"엄청 친해 보여요. 서로 바라보며 웃고 있어요. 그런데 지우개가 있던 곳이 하얗게 좀 지워졌어요."

"그렇네. 연필은 까맣게 칠하고, 지우개는 하얗게 지우네."

"그러고 보니 서로 하는 일이 완전히 달라요."

"정말 그렇네. 친하지만 서로 다른 사람. 연필과 지우개 같은 사이를 또 찾아볼까?"

"아빠랑 제가 떠올라요. 제가 방에서 놀고 있는데 아빠가 들어와 허락도 없이 제 물건을 막 치워 버려요. 제가 아끼는 카드도 버렸어요."

"그런 일이 있었구나."

"동생이랑 저 같아요. 동생이 함부로 제 물건을 만지면 정말 화가 나요."

"정말 화가 나겠다. 연필과 지우개에게 어떤 일이 일어나는지 궁금한데, 얼른 읽어 볼까?"

표지를 두고 아이들과 충분히 대화를 나눈 뒤 책을 펼친다. 책을 다 읽으면 지우개의 마음과 연필의 마음이 어땠을지 묻고 이야기 나누는 시간을 갖는다.

- "연필이 계속 낙서하고 도망갔을 때, 지우개는 어떤 마음이었을까?"
- "지우개의 표정이 어때 보이니?"
- "연필은 어떤 마음으로 그림을 그렸을까?"
- "지우개(연필)가 어떻게 행동하면 더 좋았을까?"

연필과 지우개의 마음을 살피며 서로 다르지만 떨어질 수 없는 관계를 이해할 수 있다. 지우개는 연필의 낙서를 찾아 깨끗하게 지운다. 연필은 도망치면서도 낙서를 멈출 수 없다. 깨끗한 데라고는 없는 온통 새까만 연필의 흔적 속에서 지우개는 연필이 되어 본다. 지우개가 닿는 곳은 멋진 그림이 된다. 재미있게 자신의 일을 마친 뒤, 지우개는 연필을 마주한다. 이제 연필의 낙서는 지워야 할 힘든 일거리가 아니다. 이제 지우개는 이전의 지우개가 아니다.

감췄던 제목을 공개한다. 서로 완벽하게 다른 둘 사이를 나타난 제목은 바로 '완벽해' 다.

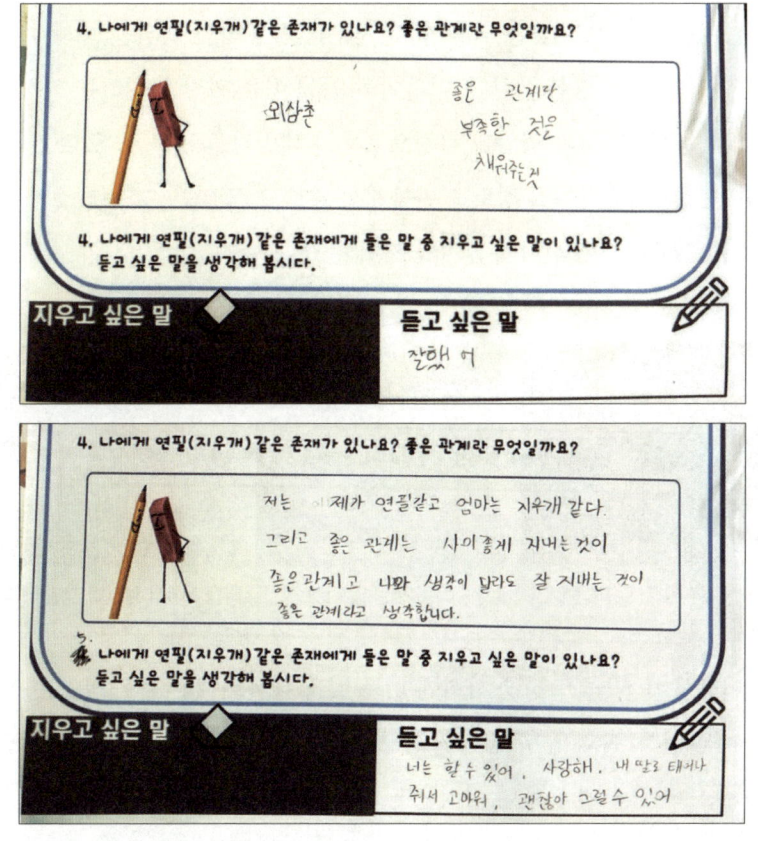

자신에게 연필(지우개) 같은 존재에게 들었던 '지우고 싶은 말'과 '듣고 싶은 말'

Ⅲ. 관계의 어려움 보듬기

#부모에게 받은 상처 치유하기

두께감이 있는 종이와 연필, 지우개를 준비한다. 지우개를 먼저 나눠 주고 추억의 놀이인 '지우개 따먹기'를 하면서 흥미를 유발한다. 놀이로 몸과 마음을 풀고 나면 본격적인 활동에 들어간다. 부모에게 들은 말 중 상처가 되는 말이 있는지 묻는다. 아이들의 이야기를 귀 기울여 듣고 나서, 마지막으로 한 번만 그 말을 종이에 써 보자고 한다. 그리고 지우개가 아니라 연필을 사용해 상처가 된 말을 마구마구 지운다.

"이 말은 영원히 지워 버리자!"

아이들은 상처로 남은 말을 힘껏 지우는 능동적인 행위를 통해 마음의 주인이 되는 경험을 한다. 더불어 하얀 종이를 까맣게 칠하는 과정에서 금지되었던 일과 억압된 감정으로부터 해방감을 맛볼 수 있다. 어떤 아이는 종이가 찢어질 정도로 반복해서 칠했고, 몇몇은 "스트레스가 풀린다", "재밌다"며 신나게 글자를 지워 나갔다.

 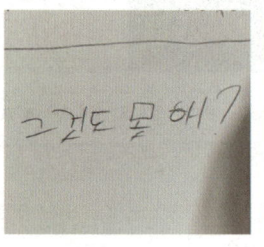 

'지우개 따먹기'로 마음 열기   상처가 된 말 적기   마음속에서 완전히 지워 버리기

어른들이 짜 놓은 경쟁 사회에 너무 일찍 내몰린 아이들을 볼 때면 마음이 아린다. 학교 공부에, 학원 공부에, 숙제까지, 본인의 의지와 상관없이 부모의 요구에 맞추며 힘겨운 날들을 보내고 있을지 모른다. 만약 그렇다면 힘겨움의 원인은 부모일 것이다. 그 어떤 것도 자식을 향한 부모

의 사랑과 헌신에 비할 수 없음은 잘 안다. 아이의 미래를 걱정하고 아이가 잘되기를 바라는 학부모께 감동 받을 때도 많다. 그러나 둘 사이의 상반된 욕구와 기대가 갈등을 야기한다.

  연필로 마구 칠한 검은 종이를 바라본다. 이번에는 지우개를 이용해 글씨를 쓰거나 그림을 그린다. 듣고 싶은 말, 행복한 순간을 떠올리며 지우개로 그림을 그리고, 수정하고 싶은 곳이 있으면 지우개가 아닌 연필로 지우는 활동을 한다. 지우개가 지우며 그린 그림을 연필로 다시 수정하며 원하는 그림을 그려 간다.

연필로 지우기
- 상처였던 말은 이제 마음에 존재하지 않는다

지우개로 글씨와 그림 그리기
- 잘못된 부분은 연필로 지운다

완성된 작품

#사랑을 표현하고 다짐하는 시간 갖기

후속 활동으로는 '싸움의 기술'을 선택한다. 가정에서 발생하는 갈등을 해결하기 위해 대화의 시간을 갖는 활동이다.

> "이런 말과 행동은 나를 화나게 한다."
> "아무리 화가 나도 이런 말과 행동은 하지 않겠다."

가족과 대화를 나눈 뒤 위 내용을 활동지에 적고, 서로 약속하고 다짐하는 시간을 갖는 과제를 내주었다. 그리고 가족이 화났을 때 감정을 다스리는 방법도 같이 고민하게 했다.

서로 다른 존재인 부모와 자녀. 이 둘은 어쩌면 완벽한 하모니를 이룰 최상의 짝일 수 있다. 사랑을 주고받는 부모와 자녀, 서로의 존재로 행복한 관계, 다름을 통해 조화를 이루는 부모와 자녀가 되어 "우리는 완벽해!"라고 외치는 모습을 그려 본다.

화나는 상황, 조심할 말과 행동 적기

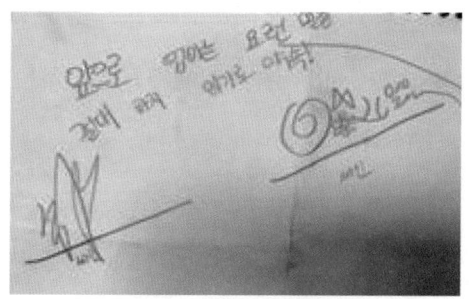
하지 않을 말과 행동 다짐하기

✏️ 그림책으로 '소통 지수' 레벨 UP!

그림책 『완벽해』를 읽고 부모와 자녀의 관계를 개선하는 활동을 디자인해 보세요.

✏️ 그림책으로 아이들과 나눌 수 있는 질문

Q1. 연필과 지우개 같은 사이를 찾아본다면 누구와 누가 생각나나요?
Q2. 지우개의 표정을 잘 봐요. 지우개는 어떤 마음일 것 같나요?
Q3. 지우개나 연필에게 해 주고 싶은 말은 무엇인가요?

✏️ 함께 읽으면 좋은 그림책

- 『엄마의 주머니는 엉망이에요!』 지기 하나오 글, 대니얼 그레이 바넷 그림, 김지은 옮김, 보림
- 『나의 왕국』 키티 크라우더 글·그림, 나선희 옮김, 책빛
- 『똑, 딱』 에스텔 비용-스파뉼 글·그림, 최혜진 옮김, 여유당

02 친구를 사귀고 싶은 아이에게 관계 맺기를 알려 줄 때

자세히 바라보고 멋진 점 발견해 주기 『나를 봐』

😟 **궁금 샘**   3학년인 우리 반 아이가 방과 후 제게 와서 살짝 얘기하는데, 친한 친구가 없어서 고민이라고 해요.

😊 **전 샘**   3학년이면 친구한테 관심이 급격히 증가하는 시기죠. 가족이나 선생님보다 또래 관계가 중요해지기도 하고요.

😟 **궁금 샘**   맞아요. 그런데 친구라는 게 저학년 때는 '다 함께 사이좋게 놀자'가 가능한데, 커 갈수록 공통 관심사에 따라 가까워지거나 멀어지는 게 다반사라 어떻게 답해야 할지 모르겠어요. 선생님은 친구 관계를 고민하는 아이들에게 뭐라고 조언하시나요?

😊 **전 샘**   사람과 사람이 관계를 맺는 건 어른한테도 어려운 일이에요. 이제 막 또래 관계에 눈을 뜬 아이들에게는 더 어려울 테죠. 천천히 여러 사람을 만나 친분을 쌓고 갈등을 해결하면서 사회성을 길러야 하지만, 당장 절박한 아이들이 있어요. 일단 긍정적인 관계 맺기의 시작부터 알려 주면 좋을 것 같아요. 친구를 자세히 바라보고 멋진 점을 찾아 주며 친구가 되어 가는 그림책이 있어요.

😟 **궁금 샘**   그림책을 함께 읽고 친구 맺는 방법을 알아 가는 거군요! 어떤 책인지 궁금해요.

😊 **전 샘**   제가 아이들에게 읽어 준 책을 소개해 드릴게요.

고민

친한 친구를 사귀고 싶어서 고민하는 아이가 있어요. 친구와 관계 맺기는 어떻게 시작하면 좋을까요?

그림책 이야기

#우정을 키워 가는 방법 알아보기

인간은 사회적 동물이다. 태어나는 순간부터 삶의 마지막에 이르기까지 다른 사람과 끊임없이 관계를 맺고 유지하며 살아간다. 학교에서 만나는 우리 아이들도 그렇다. 학교에 입학해 선생님이 짜 놓은 시간표에 따라 공부하고, 일과를 스스로 챙기기도 하며, 새로운 친구를 만나 관계를 맺는 등 새로운 환경과 사람에 적응하는 데 노력을 쏟는다.

그래도 저학년 때는 '친구'라는 존재가 놀이 대상에 가깝다. 그게 누구든 나와 놀 수 있으면 친구라 생각하고, 친구를 사귀기 위해 특별한 노력을 기울이지는 않는다. 그러다 3학년쯤 되면 친구를 중요한 존재로 인식하고 단짝 친구를 만들려고 한다. 또래 관계를 가족이나 선생님과의 관계보다 중요하게 여기고, 친구 무리에 끼지 못하면 불안해하기도 한다. 고학년으로 가면 친구를 하늘 같은 존재로 인식한다. 친구가 하는 것은 같이 해야 하고, 친구가 좋아하는 것은 함께 좋아해야 한다. 혹시라도 친구와 관계가 틀어질까 하는 걱정 때문이다.

『나를 봐』
최민지 글·그림, 창비

소극적인 아이라면 친구에 대한 고민이 더욱 깊다. 친한 친구를 만들고 싶은데 다가갈 방법을 모르거나 용기가 없어 먼저 손을 내밀지 못하는 경우도 있다. 머뭇거리는 사이 아이들은 끼리끼리 모여 무리를 만들고, 소극적인 아이는 혼자가 되어 버린다. 친구가 없다는 고립감에 아이는 위축되어 말이 없어지고, 더욱 소극적으로 변해 가다 결국 학교 부적응 문제로 이어지기도 한다.

그림책 『나를 봐』의 제목인 '나를 봐'는 용기를 내어 친구에게 건네는 사랑스러운 주문이다. 이 사랑스러운 주문이 나오기까지, 낯선 상대와 친구가 되기 위해 자세히 들여다보고 새로운 모습을 발견하고 이해하는 과정이 재미있게 전개된다.

표지를 넘기면 면지에 이야기 주인공인 '나'와 친구를 둘러싼 다양한 사람이 나온다. 모두 바쁜지 성큼성큼 길을 가고 있으며, 대부분 혼자다. 나와 친구도 마찬가지다. 나는 앞을 향해 걷고 있고, 친구는 멀리서 책을 보며 걸어오고 있다. 책장을 넘기자 나와 친구가 조금 더 가까워졌다. 내 옆으로 강아지가 줄이 풀린 채 쌩 달려가고, 맞은편에서 새 한 마리가 날아온다. 주변을 지나는 이들의 얼굴에는 표정이 없다. 눈도 그려져 있지 않다. 그러나 여전히 바쁘게 걷고 있다. 다음 장에서 드디어 나와 친구가 만나고, 주변을 둘러싼 사람들에게 표정이 생긴다. 한 남성은 날아오는 새를 향해 손을 흔들며 웃고, 달려가던 강아지는 친구 강아지를 만나 행복한 표정으로 코를 맞댄다. 강아지 보호자들도 미소를 띠고 그 모습을 바라본다. 누군가를 만나서 관계를 맺는 것의 즐거움과 소중함을 아이들을 비롯해 다양한 사람과 동물을 통해 보여 주는 것이다.

아이들이 등을 맞대고 있는 속표지를 넘기면 이야기가 시작된다. 나는 춤을 추는 친구를 발견한다. 가방도 던져 놓고 두 팔을 하늘로 쳐든 모습이 춤을 추는 듯 보인다. 멀리 있어 표정이 보이지 않지만 저런 춤을 추는 정도라면 분명 신난 얼굴을 하고 있을 것이다. 그런데 가까이서 본 친구는 매우 다급하다. 알고 보니 친구는 나무에서 떨어지는 고양이를 받기 위해 두 팔을 들고 있던 것이다. 또 많은 사람에 둘러싸인 무표정한 친구를 보며 기분이 안 좋은 줄 알았는데, 가까이 들여다보니 친구의 입꼬리 한쪽이 살짝 올라가 있다.

멀리서 본 친구의 모습을 나는 지레짐작하고 판단하지만 실제는 달랐다. 신나게 춤을 춘다고 생각했는데 떨어지는 고양이를 구하려는 동작이었고, 기분이 안 좋은가 싶었는데 사실은 조금 웃고 있었다. 이렇게 나는 친구를 가까이서 자세히 들여다보며 새롭게 발견하고 조금씩 이해해 간다.

"멀리서는 몰랐지만
가까이 가니 보이는 것도 있었지."

_본문에서

책 중간쯤에는 친구 사귀기의 비밀이 나온다. 멀리서는 그 사람을 알 수 없다. 성격도 외모도 취향도 가까이서 자세히 봐야 알 수 있다. 나는 친구를 통해 그 중요한 사실을 깨닫는다.

나는 눈을 질끈 감고 힘든 시간을 견디는 친구에게 보고 싶지 않을 때는 눈을 감아도 괜찮다고 말해 준다. 그리고 용기가 생겼다면, 조금 눈을 뜰 수 있다면 나를 봐 달라고 한다.

"나를 봐!

내가 너를 보고 있어."

_본문에서

나와 친구는 가까이 마주 서서 서로의 눈에 비친 모습을 오래 들여다 보고는 '내일도 보자'고 약속한다. 서로를 깊이 이해하고 힘들 때 지켜봐 준 아이들은 진짜 친구가 된다.

그림책 수업 활동

#친구 이름 빙고 놀이

책을 읽고 나자 아이들은 서로의 얼굴을 새삼스럽게 바라보며 유심히 관찰한다. 책 속 대사처럼 "아, 모르는 점이 있었잖아?"라며 장난을 건네기도 한다.

아이들에게 새로운 친구를 사귈 때 먼저 해야 하는 일이 무엇인지 질문한다.

"친구를 알아 가야 해요."

"가까이서 들여다봐요."

"인사를 해요."

"친구의 특징을 이해해 가요."

아이들은 기특하게도 그림책과 연결해 답을 들려준다. 아이들의 대답을 충분히 들은 뒤, 새로운 사람을 알아 가는 첫 번째 단계는 '이름 불러 주기'라고 설명하고 활동을 시작한다.

이 활동은 새 친구를 만나는 3월에 하면 더 효과적이다. 흔히 아는 빙고 놀이를 '반 친구 이름'으로 진행하면 된다. 이 활동의 포인트는 친구의 이름을 아는 것이 아니라, 친구에게 다가가 이름을 적어 달라고 요청하는 데 있다. 이미 서로 아는 사이라도 꼭 다음과 같이 간단하게 자기소개를 하고, 이름을 써 달라고 부탁한다. 학년 초가 아니라도 반 친구 모두와 인사를 나눌 수 있게 친구 이름 빙고 놀이를 해 보면 좋다.

> "안녕, 내 이름은 ○○○이야. 만나서 반가워. 네 이름을 적어 줘."

1학년이 아니라면 전년도에 사귄 친구도 있다. 그런 경우에도 꼭 정해진 인삿말을 하도록 약속한다. 성격이 급한 아이들은 인사를 생략하고 들입다 이름 먼저 적어 달라고 요구한다. 선생님은 아이들 활동을 지켜보며 정해진 인사를 건네도록 안내한다. 활동 전에 인삿말을 함께 반복해 연습하면 소극적인 아이들도 어렵지 않게 활동에 참여할 수 있다.

보통 빙고 놀이는 25칸으로 진행하지만, 아이들 수가 칸과 맞지 않아도 다양한 방법으로 칸을 채워 놀이를 진행할 수 있다.

<'반 친구 이름 빙고 놀이' 하는 법>

- 25명 미만 학급 : 친구들 이름을 중복하여 쓰기
  예) 15명 학급 : 친구 10명 이름 두 번 쓰기, 친구 5명 이름 한 번 쓰기
  예) 24명 학급 : 나를 포함하여 친구 이름 쓰기, 선생님 이름 쓰기
- 25명 학급 : 나를 포함하여 친구 이름 쓰기
- 25명 초과 학급 : 친구들 이름을 함께 쓰기
  예) 27명 학급 : 친구 2명 이름 한 칸에 함께 쓰기, 나를 제외한 24명 친구 이름 쓰기

친구에게 자기소개를 하고 이름을 적어 달라고 부탁하려면 가까이 다가가야 한다. 처음 만나는 사이든 아는 사이든 아이들은 반 친구 모두에게 다가가 인사를 건네고 자기 이름을 말하는 경험을 한다. 관계 맺기의 첫 단추를 꿰는 것이다.

빙고 칸 채우기가 끝났다면 친구 이름을 불러 가며 놀이를 시작한다. 이때도 다양한 방식으로 진행할 수 있다. 첫 번째 방법은 선생님이 아이들의 이름을 불러 주는 것이다. 가장 기본적인 방법으로, 시간이 여유롭지 않을 때 놀이를 빨리 진행할 수 있다. 두 번째 방법은 아이들이 학급 번호 순서대로 자기 이름을 외치는 것이다. 선생님이 번호를 부르면 번호에 해당하는 아이가 일어나 이름을 말하고, 앉아 있는 아이들은 자연스럽게 친구 얼굴을 보고 이름을 체크한다. 세 번째 방법은 아이들 사진을 활용한다. 선생님이 아이들 사진을 무작위로 보여 주면 아이들은 이름을 알아맞히고 해당 칸을 체크한다. 친구들 얼굴과 이름을 외우는 데 도움이 되는 방법이다.

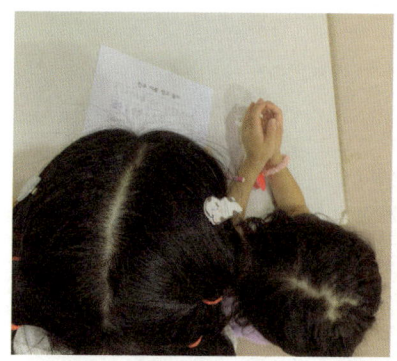

친구가 직접 자신의 이름 적어 주기   친구 이름으로 하는 빙고 놀이

III. 관계의 어려움 보듬기

#키워드로 친구 알아 가기

1단계에서 친구 이름과 얼굴을 익혔다면 이번에는 친구의 특성을 알아 가는 활동을 진행해 본다. 아이들에게 포스트잇을 나누어 주고 자신을 나타내는 단어를 세 개씩 쓰게 한다. 장점, 좋아하는 것, 습관 등 자신이 생각하는 '나의 모습'을 단어로 표현하면 된다. 포스트잇 뒷면에는 반드시 자기 이름을 적는다.

선생님은 아이들이 제출한 포스트잇을 보고 키워드를 불러 주며 누군지 맞혀 보라고 퀴즈를 낸다. 실물 화상기를 활용하면 포스트잇의 글씨체와 1단계 활동의 빙고 놀이 글씨체를 비교해 유추할 수도 있다. 포스트잇 뒤에 이름을 안 쓴 아이가 있으면 선생님도 답을 모를 수 있으므로 반드시 뒷면에 이름을 써서 제출하게 한다.

반 친구 모두의 키워드를 알아본 뒤 포스트잇은 한데 모아 교실 한편에 게시한다. 이 게시물은 늘 인기가 많은데, 쉬는 시간마다 아이들이 자세히 들여다보고 "이거 나랑 똑같다!"며 감탄한다. 수업 시간에 키워드로 친구 알아맞히기 놀이를 할 때 특성을 들었는데도, 아이들은 시간이

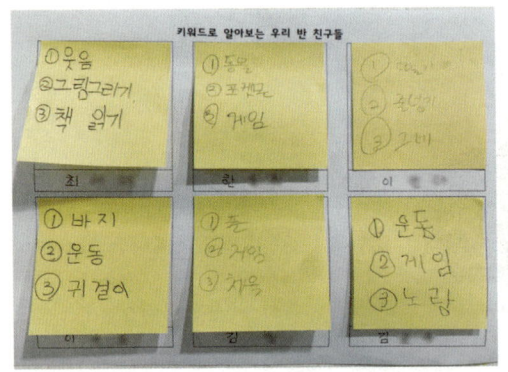 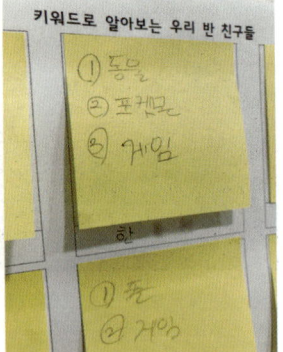

아이들이 직접 쓴 '나의 모습' 키워드

지날수록 친해지고 싶은 친구나 이미 친해진 아이의 키워드를 읽으며 처음 보는 것처럼 즐거워한다. 오랜 시간 함께해 왔음에도 관계가 깊어지면서 의외의 모습을 발견하는 우리처럼 말이다.

#친구 관찰 보고서

"친구를 사귈 때 겪을 수 있는 어려움은 어떤 것일까요?"라는 질문에 아이들은 "내 마음을 몰라줘요", "먼저 말을 못 걸겠어요", "친구의 마음을 잘 모르겠어요" 같은 답을 들려준다. 먼저 다가가 말을 건네는 것이 누구에게나 쉬운 일은 아니다. 이런 아이들을 위해 '친구 관찰 주간'을 운영한다. 친해지고 싶은 친구를 한 명 골라 친구 관찰 주간 동안 집중해서 관찰하고 보고서를 작성하는 것이다. 미술 시간에는 관찰한 특징을 반영해 친구의 모습을 그려 본다.

이 활동의 목적은 친해지고 싶은 친구를 자세히 관찰하고 이해하는 시간을 갖는 것이다. 또 후속 활동 결과물인 관찰 보고서와 그림을 선물로 주어 관계 맺기를 유도할 수 있다. 주의할 점은 아이가 이미 친하게 지내는 친구를 관찰 보고서 대상으로 고르지 않는 것이다. 이번 그림책 활동의 목적이 새롭게 친구를 사귀는 데 있으므로, 올해 처음 만나거나 혹은 알고는 있었지만 친하지 않았던 친구를 고르게 한다. 아이들이 친한 친구를 선택하는 상황을 피하기 위해 교사는 활동 전에 친하게 지내는 친구 이름을 미리 조사해 파악하고 있으면 좋다.

아이들이 친구를 골랐다면 친구 관찰 보고서를 나누어 주고 1~2주 정도 시간을 준다. 그동안 그림책 『나를 봐』를 교실 앞에 게시해 두고 아이들이 틈틈이 볼 수 있게 한다. 선생님과 함께 그림책을 읽고 이야기 나누는 것도 중요하지만, 아이 혼자 그림책을 보는 시간도 필요하다. 혼자 충

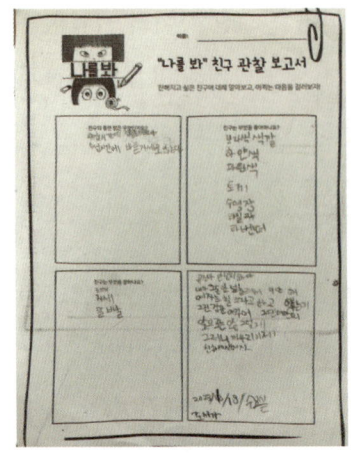 

친구 관찰 보고서   관찰한 친구 그리기

분히 감상하며 그림책의 메시지를 내면화할 수 있도록 말이다.

관찰 주간이 지나면 친구 관찰 보고서를 전달하는 시간을 가진다. 보고서를 받아 읽는 아이들의 표정에서 기쁨과 즐거움 그리고 약간의 긴장을 엿볼 수 있다. 자신의 모습을 친구의 눈으로 확인하는 기회이기 때문이다.

활동이 끝나고 보고서와 그림을 선물 받은 아이들에게는 선물해 준 친구에게 하루에 한 번 이상 인사하기 미션을 준다. 친해지고 싶다고 먼저 용기를 내 준 친구에게 고마움을 표현하고, 관계를 조금씩 발전시켜 나갈 수 있도록 말이다.

새로운 사람을 만나고 그와 관계를 맺기까지는 꽤 많은 시간이 필요하다. 상대에 대한 충분한 이해가 필수기 때문이다. 학급에서 긍정적인 관계 맺기를 연습한 아이들은 이후 성장 과정에서도 타인에게 먼저 다가가 말을 건넬 수 있고, 상대를 알고 이해하려 노력하는 일이 마냥 어렵지만은 않을 것이다.

✏️ 그림책으로 '관계 맺기 기술' 레벨 UP!

그림책 『나를 봐』로 친구 사귀기 기술을 끌어올리는 수업 활동을 디자인해 보세요.

✏️ 그림책으로 아이들과 나눌 수 있는 질문

Q1. 새로운 친구를 사귈 때 먼저 해야 하는 일은 무엇일까요?

Q2. 친구를 사귈 때 겪을 수 있는 어려움은 무엇일까요?

Q3. 고민이 있거나 어려움을 겪는 친구를 위해 할 수 있는 일은 무엇일까요?

✏️ 함께 읽으면 좋은 그림책

- 『친구에게』 김윤정 글·그림, 국민서관
- 『아무것도 하고 싶지 않은 곰』 다비드 칼리 글, 랄랄리몰라 그림, 엄혜숙 옮김, 나무말미
- 『우정 그림책』 하이케 팔러 글, 발레리오 비달리 그림, 김서정 옮김, 사계절

Ⅲ. 관계의 어려움 보듬기

03 거짓말이 관계에 어떤 영향을 주는지 깨우쳐 주고 싶을 때

사람의 거짓말, 사랑의 거짓말 『거짓말』

| 옹달 샘 | 선생님, 피곤해 보이네요. 무슨 일 있나요? 같이 나눌 수 있을까요?

| 고민 샘 | 한 아이의 거짓말 때문에 다리에 힘이 풀리네요. 오늘 점심시간에 옆 반 아이가 저에게 헐레벌떡 달려왔어요. 그 아이 말이 우리 반 아이 A가 B를 밀어서 B가 많이 다쳤고, 피가 철철 나서 B의 부모님과 병원에 갔다는 거예요. 곧장 병원으로 갔는데 거짓말이었습니다. 아이들이 가끔 이렇게 거짓말을 하면 너무 힘이 들어요.

| 옹달 샘 | 아이들이 순진하다고 믿다가도 이런 일을 겪으면 당황스럽죠. 저도 비슷한 일로 고민한 적이 있어요. 아이들이 왜 거짓말을 하는지 알아보고, 거짓말에 관한 그림책으로 아이들과 활동했어요. 나쁜 거짓말이 어떤 영향을 미치는지 함께 생각해 보았지요. 아이들은 말과 행동을 신중하게 해야 한다는 것을 알게 된 것 같았어요. 아이들 행동도 차차 좋아졌고요.

| 고민 샘 | 그림책을 읽고 아이들의 행동에 변화가 있었다니, 어떤 그림책으로 어떻게 활동했는지 정말 궁금해요.

고민

아이가 거짓말을 해서 주변 사람들이 힘들어해요.

그림책 이야기

#그림책을 통한 공감 교육으로 아이들 성장 북돋우기

　아이들은 대체로 정직하지만, 같이 생활하다 보면 때때로 거짓말을 한다. 아이들이 어떤 이유로 거짓말을 할까? 혼나고 싶지 않아서, 생각이 안 나서, 사랑하는 사람의 마음을 아프게 하고 싶지 않아서, 미움 받고 싶지 않아서, 사랑 받고 싶어서 등이다. 친구들에게 호감을 얻고 싶어 집에 없는 물건을 있다고 자랑하고, 자신이 잘못해 놓고 혼나는 상황을 모면하기 위해 거짓말하는 아이도 있다. 아주 드물지만 정말 기억이 안 나서 안 했다고 하는 털털한 아이도 있다. 새 옷을 입은 친구가 속으로는 예쁘지 않지만 친구와의 관계를 생각해서 멋지다고 칭찬하기도 한다. 이렇듯 좋은 것이든 나쁜 것이든 거짓말을 한 번도 안 하고 성장하는 사람은 없을 것이다.

『거짓말』
미안 글·그림, 고래뱃속

　대부분 사람들은 거짓말은 나쁘며 하지 말아야 한다고 말한다. 하지만 가정이나 학교에서 '거짓말이 좋으냐 나쁘냐'를 판단하는 기준은 단순하다. 바로 사랑이다. 거짓말이 상대의 마음을 생각하고 배려하는 의도를 가지고 있고, 사랑을 포함하고 있는지 보면 된다. 사랑을 담은 거짓말은 사람을 위로하고 따뜻한 사회를 만든다.

반대로 사랑이 없는 거짓말은 상대를 억울함과 분노, 절망의 세계로 이끌고 급기야는 삶을 망가뜨리기도 한다. 그래서 무시무시한 폭력 사회를 만들고, 거짓말하는 자신도 결국은 피해자가 된다.

그림책『거짓말』은 친구 사이에서 시작된 거짓말이 불러온 예기치 않은 사건을 다룬다. 좋은 거짓말이 아니라 나쁜 거짓말이다. 귀엽고 순진해 보이는 토끼와 어두운 표정을 한 까마귀가 거짓말을 두고 갈등한다. 나쁜 거짓말은 힘이 세서, 까마귀는 자신을 절망의 구덩이에 빠트리는 상황에 속수무책이다. 그런데 그림책에서는 누가 가해자고 거짓을 말하는지 명백히 보여 주지 않는다. 까마귀가 피해자인 것 같은데 백 퍼센트 장담하기 어렵다. 이것은 생각보다 거짓말의 진실을 파악하기가 힘들다는 사실을 암시한다. 아이들은 까마귀의 억울한 상황이 자신의 이야기인 양 몰입하며 흥미진진하게 이야기에 빠져들었다.

『거짓말』을 지은 미안 작가는 까마귀와 같은 상황을 겪은 이들에게 위로를 보내고 싶고, 사람들이 거짓 정보에 휩쓸리지 말고 신중하게 판단하며 진실을 보려고 노력했으면 좋겠다고 이 책을 펴낸 의도를 밝혔다. 그런 만큼『거짓말』은 책 속 이야기를 다양한 시선으로 보게 한다. 자녀의 말을 믿어 주기보다 남들 말만 듣고 아이를 혼내는 부모, 분위기로 상황을 판단해 버리고 학생을 벌하는 교사, 계속 숨고 도망치며 정직하지 못하게 행동하는 토끼, 쉽사리 거짓말에 힘을 보태는 친구들 그리고 결국 진실이 아닌 거짓을 말할 수밖에 없는 까마귀. 그림책은 각 등장인물의 행동을 다시금 바라보게 한다.

이 이야기는 학급 아이들 사이에서 일어난 일이지만, 우리가 살고 있는 세상과 닮아 있다. 거짓을 감추고 사실이라며 우기는 사람들, 사실이라는 명백한 증거가 있는데도 그건 거짓이라는 사람들, 진실을 아무리

외쳐도 믿어 주지 않는 사람들. 세상은 수많은 나쁜 거짓말로 얼룩져 있다. '세상은 요지경'이라는 말이 떠오른다. 하지만 진실은 있다.

이 그림책을 읽고 나쁜 거짓말을 한 아이들은 거짓말이 미치는 영향에 관해 진지하게 생각해 보고, 거짓말로 상처 받은 아이들은 위로를 받으면 좋겠다. 또 아이들은 어떤 일에서 진실과 거짓을 가릴 때 조심스럽게 접근하는 태도를 배우고, 교사들은 거짓말과 관련한 상황에서 아이들을 이해하고 아이의 성장에 도움이 되는 방법을 열심히 궁리하면 좋겠다.

그림책 수업 활동

#그림책 읽기 전 자기 마음 알기

아이들은 자기 기분을 잘 모른 채 기분에 따라 생활한다. 그러나 자기 감정을 알면 자신을 더 이해하게 되고, 자신의 기분을 표현할 때 상대방이 알아주는 것만으로도 큰 힘을 얻는다.

나는 매일 아침 아이들을 만나면 "너의 기분은 어떤 원숭이니?"라거나 "○○야, 오늘 기분이 어때?"라고 묻는다. 아이들은 교실의 나무 게시판에서 현재 기분에 해당하는 원숭이 그림 아래 자기 이름이 적힌 자석을 붙인다. 아이들에게 기분의 이유를 물어보고 이야기를 나눈다.

그림책 『거짓말』로 수업하는 날도 기분을 물었다. 아이들은 자신의 기분을 표현하는 시간을 통해 마음이 말랑해진다. 말랑해진 마음은 그림책을 더 잘 받아들이게 해 준다.

그림책을 읽어 주기 전, 표지와 관련해 교사가 뜻밖의 질문을 던지면

오늘의 기분을 표시하는 나무 게시판

아이들의 흥미를 끌어내는 데 효과적이다.

"애들아, 선생님이 아침에 교실에서 토끼를 봤는데 노래를 부르고 있었어."

아이들은 어리둥절해하며 "아니에요"라고 답한다.

"못 봤니? 진짜로? 그리고 새 한 마리가~ (창을 가리키며) 저기 있네!"

거짓말이라며 아이들이 난리다.

"새도 한 마리 봤어."

그러자 한 아이가 "여기 새 있어요. 엄청 빠른 새" 하고 새소리를 내며 장난스레 받아쳤다. "그런데 토끼와 새가~" 말을 이어가려 하자 "뽀뽀했어요?"라고 누군가 묻는다. "뽀뽀했을까?" 하고 물으니 아이들이 "에이~" 하며 질색한다.

"이 둘 사이에 일이 있었대. 무슨 일이 일어났는지 볼까?"

그리고 분위기를 조금 바꿔 말했다.

"선생님이 방금 거짓말 같은 말을 했는데 마음이 아프거나 하지 않았지? 이것은 사람들에게 피해를 주려는 나쁜 거짓말이 아니라, 수업을 재미있게 하려는 좋은 의도의 거짓말이란다."

거짓말에도 종류가 있음을 넌지시 알려 주었다. 생활하면서 거짓말을 한 적 있거나 거짓말 때문에 피해를 본 적이 있는지도 물었다.

이제 그림책을 꺼내 들어 보였다. 표지에서 뭐가 보이는지 물었다.

"토끼 귀가 보여요."

"토끼가 노래를 부르고 있어요."

"토끼에 관한 책인가?"

아이들이 호기심을 빛낸다. "토끼가 기분이 좋은 것 같은데 왜 그럴까?" 하고 물으니 한 아이가 "거짓말을 해서요"라며 제목과 관련지어 답했다. 다른 아이가 "아니야. 나는 거짓말하면 불안하거든"이라며 반박한다. 그러자 "나도 불안해" 하며 아이들이 맞장구를 친다. 뒤표지를 보며 이야기를 나누었다. 아이들은 "토끼인데요?", "돌고래인가?" 하다가 한 아이가 "선생님, 책을 옆으로 돌려 보세요"라고 주문했다. 책을 옆으로 돌려 보여 주니 "아니네. 새네"라고 했다.

본문으로 들어가며 아이들에게 너희가 거짓말 때문에 힘든 주인공이 되었다고 상황을 설정해 주었다. 그러자 아이 하나가 "친구가 내가 거짓말을 했다고 거짓말했어요"라며 한숨을 쉬었고, 다른 아이가 "저한테 바보라고 했어요"라며 받아쳤다. 일전에 둘 사이에 있었던 일을 떠올리며 서로 상대가 거짓말을 했다는 것이다.

"선생님, 쟤가 아까 '씨'라고 했어요."

"내가 언제 그랬냐고. 선생님 저 거짓말 안 했어요."

그림책을 읽어 주기도 전에 거짓말 때문에 말싸움이 붙었다. 그림책으로 아이들의 응어리진 마음을 풀어 주기 딱 좋은 상황이었다.

#그림책 깊이 읽기

저학년 아이들이라 내용 이해를 돕기 위해 서술형으로 된 문장을 대화체로 바꾸고, 과장해서 읽어 주었다.

- "규리한테 발 걸어 봐. 히히."
- "싫어."
- "누가 그랬어? 아! 아파, 앙앙앙."

이야기 초반에 함께 하교하던 이태경(토끼)이 주인공(까마귀)에게 나규리의 발을 걸라고 시킨다. 주인공은 싫다고 했는데, 책장을 넘기니 규리가 넘어져서 아파하는 장면이 나온다. 아이들이 일제히 조용해졌다. 우리 학교 이름을 넣어서 읽어 주었더니 아이들이 몰입을 잘했다. 하지만 앞에 앉은 아이의 이름을 등장인물에 대입해 읽어 주자 아이는 "제가 안 그랬는데요"라며 정색한다. 감정 이입을 했다는 표시다.

규리 엄마가 학교에 찾아와 주인공을 혼내고, 선생님이 주인공에게 엄마를 모셔 오라고 하는 장면에서 "주인공 마음이 어떨까?" 하고 물었다.

"너무 속상하고 억울해요."

엄마까지 학교에 불려 왔지만, 자신이 하지 않은 일에 대해 사과할 수 없다는 주인공. 아이 몇이 주인공 마음을 안다는 듯 외쳤다.

"맞아! 너는 잘못 안 했어. 태경이가 그랬어! 사과하지 마!"

집에 돌아와 엄마에게 혼나고 집을 뛰쳐나오는 주인공을 보고 한 아이가 뜬금없이 큰소리로 말했다.

"우리 엄마는 제가 잘못 안 했고 다른 아이들이 했는데도 제 탓만 해요. 애들 때문에 제가 다쳐도 엄마가 속상하면 맨날 제 탓을 해요. 그래서 저는 밤에 슬플 때 구석에서 울어요."

아이의 억울한 마음이 느껴졌다.

규리 대신 응징해 주겠다며 같은 반 기린이 주인공을 쫓아오는 장면에서는 뒷자리에 앉은 아이가 슬픈 표정으로 눈물을 글썽였다.

"○○야, 왜 그래? 예전 일이 생각나서 그래?" 하고 물으니, 아이는 말을 못 하고 슬픈 얼굴로 조용히 고개를 끄덕였다. 다른 아이가 "기린이 규리 남자친구인가 봐. 너무 짜증나요"라며 불만을 표현했다. 나는 "주인공이 너무 억울하겠다. 잘못한 일이 없는데 오해를 받았어. 그렇지 않아도 힘든데 다른 친구까지 나서서 혼내려고 하니 얼마나 답답하고 슬플까?"라고 거들었다. "저도 진짜 그런 적 있어요", "저도요", "너무 많아요"라며 여기저기서 아이들이 자신의 억울했던 기억을 떠올렸다.

반 친구들이 주인공을 외면하는 장면에서는 내가 주인공이 되어 우리 반 아이들 이름을 차례차례 부르며 '나를 모른 척했다'고 지적해 보았다.

"○○야, 너도 나한테 말 안 걸고 차갑게 대했지?"

아이들이 '으으으' 신음 소리를 냈다. 주인공의 마음이 되어서인지 아니면 주인공에게 미안해서인지는 모르겠지만, 괴롭고 슬픈 상황으로 인식하는 것만은 확실했다.

"내가 주인공이라면 용기를 내서 태경이가 했다고 말할 거예요. 나 아니야! 태경이가 했어!"

계속해서 이야기를 읽어 나가자 아이들은 "나중에 다 밝혀지겠죠?"라며 애써 안심하려 했다.

학교 안에서 불미스러운 문제가 생길 때마다 주인공이 의심 받는 장면에서는 "전학 가고 싶어요", "저는 이 학교에 안 다닐래요", "다 때려치우고 싶어요"라고들 했다. "저는 잠수 탈 것 같아요"라는 아이도 있었다.

주인공은 잔뜩 위축되었고 검은 덩어리가 온몸을 뒤덮어서 숨조차 쉴 수 없게 되었다. 결국 선생님과 친구들 앞에서 손을 번쩍 들고 뭔가를 말하려는 주인공. 아이들에게 물었다.

"지금 주인공이 무슨 말을 하려고 할까?"

" '제가 안 했다고요! 태경이가 했어요!' 울면서 이렇게 말할 것 같아요."

그림책 속 선생님처럼 우리 반 아이들에게 자신의 잘못을 말한 주인공에게 박수를 쳐 주자고 했더니 아이들이 일제히 거부했다. 이유를 물으니 "사실이 아니니까요"라며 당연하다는 듯 답했다.

책 끝부분에서 주인공은 이태경이 다른 친구의 가방에서 뭔가 훔치는 걸 목격한다. 이 장면에서 아이들에게 주인공이라면 어떻게 하겠냐고 물었다. 아이들은 나름대로 상황을 고려해 해결책을 냈다. 저학년인데도 문제 해결 방법이 다양하게 나왔다. 그만큼 아이들의 마음이 복잡했고

> **주인공은 이태경이 다른 친구의 가방에서 뭔가 훔치는 걸 보았다.
> 내가 주인공이라면 어떻게 할까?**
>
> "야! 이태경, 너 왜 친구 것을 훔치려 해!" 하고 큰소리로 말한다. / 선생님과 부모님께 말하면 또 거짓말했다며 교실 청소를 일 년 하라고 할지도 모르니 말하지 않겠다. / 휴대폰으로 증거를 찍어서 가져가겠다. / 한 번에 다 말하면 안 믿으니까 선생님이 태경이를 의심할 때 그때 모든 진실을 폭로한다. / 이제껏 있었던 일을 청와대에 편지를 쓰거나 경찰에 신고한다.

깊이 생각했다는 것을 보여 주었다.

 아이들은 자신의 경험을 떠올리며 주인공에게 감정 이입을 하고 생각을 표현했다. 실컷 말하게 만드는 것이 그림책의 매력인데, 이 책의 주제가 아이들의 생활과 밀접해서인지 분위기가 무척 뜨거웠다. 아이들뿐 아니라 어른인 나도 거짓말에 관해 여러 각도에서 생각해 보고 아이들의 마음을 들여다보며 한 뼘 더 성장할 수 있었다.

#등장인물에게 편지 쓰기

 뒤표지를 보았다. 아이들은 물에 잠겨 거품을 뱉는 까마귀의 모습이 마음을 보여 준다고 했다. 앞표지의 토끼는 거짓말을 하며 즐거워하는 마음이 음표로 표시되었는데, 거짓말로 상처 입은 까마귀의 답답한 마음은 물속의 기포로 표현되었다는 것이다.

 그림책을 다 읽고 난 뒤 등장인물에게 편지를 써서 발표했다. 아이들은 그림책 속 주인공이 되어 태경이를 타이르기도 하고, 억울한 심정을 토로하기도 하고, 부모님께 결백을 주장하기도 했다. 주인공이 잘못하지 않았는데도 친구의 거짓말 때문에 오해를 받고, 벌 청소를 하며, 누구

> **그림책 속 등장인물에게 하고 싶은 말 쓰기**
>
> 태경아, 네가 발을 걸었잖아. 그리고 입장을 바꿔서 생각해 봐. 너도 네가 한 게 아닌데 친구가 너보고 계속 했다고 하면 어떨 것 같아? 너도 이제 거짓말하지 말고 착하게 살자. / 엄마, 아빠, 선생님, 친구들아, 내가 안 그랬어요!!!!!!!!!!!!! / 야, 똥태경! 너 빨리 말 안 하면 청와대에 신고해서 벌금 백만 원 내라고 한다. 그리고 세계에 네가 한 짓 다 말해 버릴 거야! / 엄마, 아빠, 저 너무 억울해요. 제가 규리 밀지 않았어요. 정말 억울해요. 제 말을 믿어 주세요. 제발요!

에게도 진실을 말하지 못하는 심정을 이해하는 것 같았다.

#아코디언 북 만들기

먼저 상황 예시를 들어, 상대의 마음을 배려하는 착한 거짓말과 남에게 피해를 주는 나쁜 거짓말에 관해 이야기했다. 저학년이지만 아이들은 자신의 경험을 떠올리며 대화에 적극적으로 참여했다. 거짓말이 어떤 모양과 색을 가지고 있을지 상상하고, 그렇게 생각한 이유도 적게 하니 아이들의 생각이 확실히 드러났다.

아이들은 대부분 나쁜 거짓말에 악마나 뾰족한 모양을 떠올렸고, 좋은

나쁜 거짓말 모양과 좋은 거짓말 모양

거짓말에는 웃는 모습을 한 사람이나 천사, 둥근 원 모양을 떠올렸다. 나쁜 거짓말 모양을 돌풍 모양, 좋은 거짓말 모양을 작은 점으로 표현한 아이도 있었다. 이유를 들어 보니 나쁜 거짓말은 쉽게 잘 퍼지고 좋은 거짓말은 작아서 이렇게 표현했단다. 이미 거짓말의 속성을 잘 알고 있는 아이의 말에 감탄했다. 아이들에게 어떤 말을 들었을 때 쉽게 판단하지 말고 신중하게 접근해야 한다고 알려 주었다.

좋은 거짓말 나라와 나쁜 거짓말 나라는 어떤 모습일지 이야기 나누고, 색종이를 이용해 아코디언 북으로 꾸몄다. 아이들은 좋은 거짓말 나라를 하트나 천사, 동그라미 등 따뜻하고 밝은 색깔로 꾸몄다. 나쁜 거짓말 나라는 검은색과 빨간색을 써서 괴물이나 악마, 뾰족한 세모 모양으로 꾸몄다.

<아코디언 북 만드는 방법>
1. 4절 검정 도화지를 가로로 길게 펼친다.
2. 종이 오른쪽을 잡고 왼쪽으로 접는다.
3. 가운데 접힌 선을 기준으로 다시 반으로 접는데, 지그재그로 접는다.
4. 모두 네 쪽으로 접힌 도화지가 된다.
5. 종이 왼쪽 위 모서리에서 오른쪽 아래 모서리를 향해 원하는 모양으로 자유롭게 자른다.(오른쪽 아래를 10cm 정도 남긴다)
6. 자른 종이를 세우면 네 쪽짜리 아코디언 북 두 개가 나온다.

좋은 거짓말 나라와 나쁜 거짓말 나라를 표현한 아코디언 북

■▶ **그림책으로 '공감 능력' 레벨 UP!** ⋯⋯⋯⋯⋯⋯⋯⋯⋯⋯⋯⋯⋯

그림책 『거짓말』로 공감 능력을 향상시키는 수업 활동을 디자인해 보세요.

■▶ **그림책으로 아이들과 나눌 수 있는 질문** ⋯⋯⋯⋯⋯⋯⋯⋯⋯⋯

Q1. 주인공은 청소를 하다가 이태경이 친구의 가방에서 물건을 훔치는 것을 보았어요. 내가 주인공이라면 어떻게 할까요?

Q2. 주인공이 되어 이태경, 엄마, 아빠, 선생님, 친구에게 하고 싶은 말을 편지로 써 보세요.

Q3. 거짓말이 모양과 색을 가지고 있다면 어떻게 생겼을까요? 상상해서 말해 볼까요?

■▶ **함께 읽으면 좋을 그림책** ⋯⋯⋯⋯⋯⋯⋯⋯⋯⋯⋯⋯⋯⋯⋯⋯⋯⋯

- 『거짓말 괴물』 레베카 애쉬다운 글·그림, 이정은 옮김, 키즈엠
- 『거짓말』 나카가와 히로타카 글, 미로코마치코 그림, 이기웅 옮김, 길벗어린이
- 『거짓말이 뿡뿡, 고무장갑!』 유설화 글·그림, 책읽는곰

04 거친 말로 상처 주는 아이에게 고운 말의 힘을 알려 줄 때

거친 말을 무지개 방울로 바꾸는 마법 『누군가 뱉은』

> 😟 **고민 샘** 요즘 아이들이 거친 말을 참 많이 사용하는 것 같아요. 오늘도 친구와 다투면서 거친 말을 쉽게 내뱉는 아이들을 보면서 마음이 안 좋았어요. 아이들이 거친 말로 서로에게 상처를 줄 때, 저는 어떤 도움을 줄 수 있을까요?
>
> 🙂 **다홍 샘** 아이들이 거친 말을 일삼는 모습을 보면 안타깝죠. 아이들은 때리고 맞고 흔적이 남는 신체 폭력에 비해 겉으로 흔적이 남지 않는 언어폭력을 가볍게 생각하는 경향이 있어요. 언어폭력도 큰 상처를 남긴다는 사실을 실감 못 하는 거죠.
>
> 😟 **고민 샘** 아이들이 자신이 한 거친 말이 상대방에게 얼마나 상처가 되는지 안다면 쉽게 말하지 못할 것 같아요.
>
> 🙂 **다홍 샘** 이럴 때 도움이 되는 그림책이 있는데, 함께 읽고 생각을 나눠 볼까요? 지금부터 그림책을 통해 거친 말을 무지개 방울로 바꾸는 마법을 알아보기로 해요.

고민

아이들이 거친 말로 서로에게 상처를 줄 때, 어떻게 도움을 줄 수 있을까요?

그림책 이야기

#거친 말이 만드는 세상

아이들에게 거친 말을 하는 이유를 물으면 대부분 이렇게 답한다.

"화가 나서 저도 모르게 거친 말이 나왔어요."

"친구도 거친 말을 쓰는데 왜 저한테만 그러세요? 저도 따라 한 거예요."

"거친 말을 써야 세 보이잖아요."

아이들은 보통 습관, 모방, 과시 등을 위해 거친 말을 사용한다. 그런데 이런 이유들을 가만히 들여다보면 두 가지 공통점이 있다. 첫째, 감정 표현이 서툴다는 점이다. 자신이 느끼는 외로움, 슬픔, 질투, 후회, 불안, 분노 등의 감정을 드러낼 때, 어떻게 표현해야 할지 잘 몰라 거친 말이 나오고 만다. 거친 말은 극적인 표현이다 보니 말하는 이에게 쾌감을 주고 주변의 관심을 끈다. 이런 상황이 반복되면 습관처럼 거친 말을 사용하기도 한다. 둘째, 거친 말이 상대방에게 얼마나 상처가 되는지 잘 모른다. 신체 폭력에 따른 몸의 상처는 눈에 보이기 때문에 상대방이 얼마나 아플지 짐작할 수 있지만, 언어폭력에 의한 마음의 상처는 겉으로 잘 드러나지 않기 때문에 고통의 심각성을 모르는 경우가 많다. 마음의 상처는 기억 속에서 사라지기 전까지는 완벽한 회복도 극복도 힘들다는 것을 알지 못하는 것이다.

그림책 『누군가 뱉은』은 우리가 하는 말들이 색깔을 가지고 있으며, 그중 검은 빛을 띤 거친 말이 어떻게 세상에 나와 사람들에게 상처를 주

『누군가 뱉은』
경자 글·그림, 고래뱃속

는지 보여 준다.

책에는 누군가 입으로 뱉어 낸 검댕이 '꺼져'가 등장한다. 검댕이 '꺼져'는 다른 검댕이 친구들을 만나 새로운 놀이를 알게 된다. 화가 난 사람의 정수리 안으로 들어간 뒤 그 사람 입으로 튀어나와 상대의 얼굴에 착지하면 성공하는 놀이다. 상대는 슬퍼하고 괴로워한다. 자신들 때문에 아파하는 사람들을 구경하는 것이 검댕이들의 커다란 즐거움이다. 하지만 '꺼져'는 이런 놀이가 즐겁기는커녕 자신도 똑같이 괴롭기만 하다. 그러다 사람들이 웃고 즐겁게 이야기할 때마다 생겨나는 알록달록 무지갯빛 방울들을 발견하면서, 그들과 함께하고 싶어진다.

이 책은 거친 말을 검은빛 검댕이로, 고운 말을 무지갯빛 방울로 표현해 두 가지 성격의 말이 보여 주는 극명한 차이를 쉽게 알 수 있게 한다. 책을 읽다 보면 검댕이로 태어난 '꺼져'가 안쓰럽게 느껴지고, '처음부터 무지갯빛 방울로 태어났다면 얼마나 좋았을까?' 또는 '화가 나도 검댕이를 만들지 않을 방법은 없을까?' 하는 궁리도 하게 된다. 습관적으로 내뱉는 거친 말이 검댕이들의 놀이가 되어 상대의 마음에 깊은 상처를 남기지 않았는지 아이들과 함께 돌아보고, 자신의 감정을 검댕이가 아닌 무지갯빛 방울로 표현하는 활동을 해 보자.

그림책 수업 활동

#검댕이의 다양한 모습 알아보기

그림책을 읽기 전에 표지 그림을 살펴보았다. 아이들은 너나 할 것 없이 '상어'를 떠올렸다. 아마도 코가 뾰족하고 이빨이 날카롭게 그려져 있어 상어가 연상된 모양이다.

"그러면 이 검은 물질은 무엇일까요?"

한 아이가 답했다.

"플랑크톤이 오염되어서 까맣게 변했고, 그것을 먹은 상어가 뱉어 내는 거예요."

아이들의 상상력은 언제나 놀랍다. 이렇게 책 표지만 가지고 이야기를 나누는데도 이미 아이들의 눈은 반짝반짝 빛나고 있었다. 지금까지 봐 오던 그림책과 다르게 표지에 색깔도 없고, 뭔가 심각한 일이 일어날 것 같은 기분이라고 했다.

책장을 넘기자마자 면지에 등장하는 '꺼져'라는 말에 아이들이 보인 반응은 두 가지였다. 선생님과 함께 읽는 책에 '꺼져'라는 말이 나와도 괜찮은지 놀라는 반응과, 이참에 '꺼져'를 크게 따라 읽으면서 키득대는 반응이었다. 하지만 책을 함께 읽기 시작하고 검댕이의 존재를 알고는 사뭇 진지해졌다. 아이들에게 그림책 속 사람들과 검댕이의 표정을 더 유심히 살펴보자고 했다. 검댕이를 내뱉은 사람들의 표정과 그 검댕이를 들은 사람들의 표정, 그리고 그 모습을 지켜보는 검댕이들의 표정을 말이다.

책을 모두 읽은 뒤, 아이들에게 검댕이는 무엇을 의미하는지 써 보게 했다. 대부분 '욕'이라고 썼고, 몇몇은 '거친 말', '나쁜 말', '거짓말'이라고 썼다. 검댕이는 욕뿐 아니라 뒷담화, 험담과 같이 마음에 상처를 주는 모든 말이 될 수 있다고 일러 주었다. 그러자 자신은 욕한 적 없으니 검댕이 만든 적도 없다고 자랑하듯 말하던 아이들이 숙연해졌다.

다음으로 내가 생각하는 검댕이의 모습을 그려 보게 하고, 그렇게 그린 이유도 물어보았다.

내가 생각하는 검댕이 모습	이렇게 그린 이유	내가 생각하는 검댕이 모습	이렇게 그린 이유
	검댕이의 입을 마스크로 막아 거친 말을 못 하게 하려고.		나쁜 말은 쓰면 안 되니까 '안 돼!'를 뜻하는 X자를 따라 그렸다.
	악마의 유혹에 빠져 욕을 계속 하게 되니까.		검댕이는 친구에게 상처를 주고 즐거워하니까.

아이들이 그린 다양한 검댕이 모습을 확인하고 이유를 들어보니, 하나의 공통점이 발견된다. 바로 검댕이는 우리 주변에 없으면 더 좋은 존재라는 사실이다. 아이들이 책을 읽으면서 검댕이가 전하는 마음의 상처와 아픔에 공감한 것이다. 그래서인지 검댕이를 장난스럽게 그린 아이는 없었다. 행여 이 활동을 가볍게 여기는 아이가 있더라도 친구들의 발표를 들으면서 충분히 생각의 변화가 일어날 거라 믿는다.

#검댕이가 주는 마음의 상처 함께 느끼기

자신이 그린 검댕이 뒷면에 흰 종이를 붙이고 직접 했거나 들었던 검댕이를 글로 적어 보자고 했다. 그리고 언제 이런 말을 했고, 또 들었는지 그 경험도 함께 공유했다. 그런 다음 '검댕이 놀이'를 시작했다.

놀이 방법은 다음과 같다.

<'검댕이 놀이' 방법>

1. 커다란 우드록에 마커로 표정 없는 사람의 형태를 그린 뒤 우드록을 세워 놓는다.
2. 한 사람씩 자신이 그려서 오린 검댕이를 가지고 나온다. 이때 뒷면에는 자신이 했거나 들었던 거친 말도 함께 적혀 있어야 한다.
3. 손에 든 검댕이가 자신의 머릿속에 들어와 입으로 내뱉어지면서 우드록의 사람 형상에 딱! 들러붙는 과정을 시연한다. 사람 형상에 검댕이를 붙일 때는 안전을 위해 끝이 뭉툭한 못이나 장구핀을 사용한다.

'검댕이 놀이'를 하면서 한 사람씩 앞으로 나와 검댕이가 머릿속에서 입을 통과해 상대방 마음에 도달하는 과정을 시연하니, 아이들이 한층 더 책 내용에 몰입하고 공감하는 모습을 보였다. 놀이를 마치고 아이들에게 물었다.

'검댕이 놀이'를 하는 모습

"우드록 사람은 표정이 그려져 있지 않은데, 많은 검댕이들을 몸에 붙인 이 사람의 표정은 어떨까요?"

그러자 아이들은 "마음이 무척 아파서 찡그리고 있을 것 같아요", "마음이 까맣게 변해서 얼굴도 까맣게 되었을 것 같아요", "펑펑 울고 있을 것 같아요"라고 답했다. 그래서 다시 물었다.

"그럼 어떻게 해야 우드록 사람 표정을 기분 좋게 만들 수 있을까요?"

그러자 대부분 아이들이 "검댕이들을 떼 줘요"라고 말했다. 그래서 다음 활동으로 무지개 방울을 만들어서 우드록 사람에게 붙은 검댕이들을 물리쳐 보기로 했다.

#마음의 상처 다독이기

아이들에게 알록달록 색색의 동그라미를 오려서 나눠 주고, 자신이 듣거나 말했던 무지개 방울을 적게 했다. 무지개 방울이 될 만한 말들은 굳이 예를 들어주지 않아도 아이들이 잘 알고 있었다. 검댕이 뒷면에 거친 말을 적을 때는 행여 누가 볼까 가리고 쓰던 아이들이 무지개 방울에 고운 말을 적을 때는 서로 쓴 것을 공유하면서 깔깔거렸다.

무지개 방울을 만드는 모습

다음으로 한 명씩 앞으로 나와 무지개 방울에 적힌 고운 말을 크게 외치면서 자신이 붙인 검댕이를 스스로 떼 내게 했다. 고운 말을 크게 외치는 아이들의 표정은 무척 밝았다. 우드록 사람에게 "많이 아팠지? 얼른 검댕이를 떼 줄게"라고 말하기도 했다.

검댕이를 떼 내도 우드록 사람에게 상처가 남은 모습을 보고 아이들은 "아!" 하며 무척 안타까워했다. 거친 말을 하면 아무리 사과하고 고운 말을 써도 상대방 마음에는 뻥 뚫린 구멍처럼 상처가 남는다고 이야기해 주었다.

무지개 방울로 검댕이를 떼 내는 모습

검댕이를 떼 내도 상처가 남은 우드록 사람의 모습

아이들이 수업 중 가장 진지해지는 순간이었다. 이어서 책 내용과 관련해 질문했다.

"화가 났다고 모두가 검댕이를 내뱉는다면 이 세상은 어떻게 될까요? 검댕이들의 놀이터가 되겠지요? 그렇다면 검댕이가 내 머리 꼭대기로 쏙! 들어오는 신호가 왔을 때, 입으로 검댕이를 내뱉지 않을 방법이 있을까요?"

그러자 아이들의 아이디어가 쏟아졌다.

검댕이를 내뱉지 않기 위한 아이디어
10초 동안 마음속으로 숫자 세기 / 내 주변에 모여 있는 검댕이 생각하기 / 눈을 감고 깊게 숨을 들이마셨다가 내뱉기 / 거친 말이 나오려는 내 입 막기 / 상처가 남은 우드록 사람 생각하기 / 사랑하는 부모님과 친구들 생각하기

『누군가 뱉은』 그림책 활동에 감응이 컸던지 '상처가 남은 우드록 사람 생각하기', '내 주변에 모여 있는 검댕이 생각하기'라고 답한 아이들이 많았다.

놀랍게도 아이들이 먼저 이렇게 제안했다.

"선생님, 무지개 방울로 저 상처들을 가려 주면 안 돼요? 너무 아파 보여요."

나도 그렇게 수업을 마무리하겠다고 계획했지만, 내심 아이들이 스스로 말해 주기를 기대하고 있었다. 기쁜 마음으로 아이들과 함께 우드록 사람의 상처를 무지개 방울로 다독여 주고, 행복한 미소를 그려 넣었다.

그림책 뒷부분에서는 검댕이 '꺼져'가 또 다른 검댕이를 만들지 않기 위해 자신을 처음 내뱉은 사람의 입안으로 날아 들어간다. 그러자 '꺼져'를 삼킨 사람은 크게 놀라며 가슴을 움켜쥐고 쓰러진다. 이 장면을 보면서 '욕을 먹는다'는 표현이 떠올랐다. 평소에 욕을 쉽게 내뱉는 사람이 되레 그 욕을 먹으면 어떻게 될까? 그림책 장면처럼 자신도 분명 상처를 입고 고통스러워할 것이다. 하지만 결국 '꺼져'가 하얀 한숨이 되어서 '휴우'로 변한 것처럼, 내 주변에 몰려 있는 검댕이들도 내가 노력한다면 무지개 방울로, 그게 힘들다면 하얀 한숨으로라도 바꿀 수 있다고 생각한다. 『누군가 뱉은』을 읽은 아이들이 거친 말이든 고운 말이든 우리가 뱉은 말은 우리 곁을 떠나지 않고 머물며 상처나 사랑을 줄 수 있음을 오래 기억했으면 좋겠다. 무지개 방울로 가득한 교실을 꿈꾸며.

검댕이가 남긴 상처를 무지개 방울로 다독이자 환하게 웃는 우드록 사람의 모습

■▶ '거친 말을 무지개 방울로 바꾸는 마법' 레벨 UP! ....

그림책 『누군가 뱉은』으로 거친 말을 무지개 방울로 바꾸는 수업을 디자인해 보세요.

■▶ 그림책으로 아이들과 나눌 수 있는 질문 ....

Q1. 내가 생각하는 검댕이 모습을 그려 보고, 그렇게 그린 이유를 말해 볼까요?

Q2. 검댕이가 나의 머리 꼭대기로 쏙 들어오는 신호가 왔을 때, 입으로 내뱉지 않을 방법을 생각해 볼까요?

Q3. 주변을 아름답게 만드는 무지개 방울을 찾아볼까요?

■▶ 함께 읽으면 좋은 그림책 ....

- 『욕』 김유강 글·그림, 오올
- 『나쁜 말 먹는 괴물』 카시 르코크 글, 상드라 소이네 그림, 김수진 옮김, 그린북
- 『가시 소년』 권자경 글, 하완 그림, 천개의바람

05 장애가 있는 친구에 대한 이해와 공감이 필요할 때

같은 시선으로 바라보기 『파닥파닥 해바라기』

😟 **학생** 선생님, 우리 반에 ○○이라는 친구가 있는데 혼자만 혜택을 받아요. 그래서 저는 차별 받는 것 같고 마음이 안 좋아요.

😊 **선생님** 그랬구나. 어떤 점에서 차별 받는다고 느꼈니?

😟 **학생** ○○이는 교실에서 자리를 바꿀 때도 참여하지 않고 늘 앉던 자리에만 앉아요. 그리고 체육 시간에도 쉬운 역할만 맡거나, 선생님이 도와주셔서 상대 팀이 불리해요. 특수 학급에서 따로 수업 받는 것도 특별 혜택을 받는 것 같아요.

😊 **선생님** 그랬구나. ○○이는 자폐성 장애를 가졌단다. 변화에 적응하기가 어려워 자리나 시간표가 갑자기 바뀌면 힘들어하고, 감각이 예민해서 시끄러운 소리나 신체 접촉을 싫어해. 공부와 운동 능력이 다른 친구들만큼 발달하지 않아서 똑같이 배우기가 어렵고, 그래서 선생님과 따로 공부하고, 체육 시간에도 배려하는 거야.

😟 **학생** ○○이한테 그런 어려움이 있었네요. 저는 그게 차별이라고 생각했어요. 어떻게 하면 ○○이처럼 장애로 어려움을 겪는 친구의 상황을 이해할 수 있을까요?

😊 **선생님** 그럼 우리 그림책으로 장애가 있는 친구의 상황에 공감해 보고, 함께 행복해지는 방법도 알아볼까?

> **고민**
>
> 장애가 있는 친구의 상황에 공감하고 배려하는 아이들이 되면 좋겠어요. 어떻게 지도하면 될까요?

그림책 이야기

#관심과 배려로 함께 행복한 아름다운 세상

그림책『파닥파닥 해바라기』는 작은 해바라기의 시선에서 이야기를 풀어 간다. 키가 큰 해바라기들은 쉽게 햇볕과 빗물을 받지만, 큰 해바라기들 사이에 낀 키 작은 해바라기는 고군분투한 끝에야 겨우 틈새로 떨어지는 아주 조금의 햇볕과 빗물을 받는 신세다. 이렇게 대비되는 장면을 통해 작은 해바라기의 힘듦이 더욱 와닿는다.

그러던 어느 날, 작은 해바라기를 찾아온 꿀벌이 잎사귀를 날개라고 일러 주며 날갯짓을 가르쳐 주고, 작은 해바라기는 잎사귀를 힘껏 움직여 정말로 하늘을 날게 된다. 넘치도록 햇볕을 쬐고 빗물도 마시며 행복감에 충만한 작은 해바라기. 그런데 기쁨도 잠시, 모든 것이 잠든 동안 꾼 꿈임을 알게 된 해바라기는 절망한다. 그럼에도 혹시 모를 기대감에 최선을 다해 날갯짓하는 순간, 파닥파닥 소리를 들은 큰 해바라기들은 그제야 자신들의 발치에 작은 해바라기가 있음을 발견한다. 큰 해바라기들은 조금씩 거리를 좁혀 작은 해바라기에게 자리를 내준다. 큰 해바라기들의 관심과 배려로

『파닥파닥 해바라기』
보람 글·그림, 길벗어린이

작은 해바라기는 햇볕과 빗물을 충분히 받고 쑥쑥 자란다. 그 선한 영향력은 또 다른 해바라기 새싹에게 꼬리에 꼬리를 물고 이어진다.

이 책을 읽으며 작은 해바라기의 시선이 장애를 가진 사람의 시선과 비슷하다고 느꼈다. 예를 들어 양팔이 없는 지체 장애인이 글씨를 쓰고 밥을 먹는 일은 비장애인들이 아무렇지 않게 하는 일과 완전히 다르다. 발달 장애, 경계선 지능(느린 학습자)처럼 인지 기능에 어려움이 따르는 경우, 학습의 질과 속도가 달라 일반적인 조건의 교과 수업은 따라가기 힘들다. 사회 공동체는 이런 격차를 해소하고 장애인도 비장애인과 같이 기본적인 권리를 누릴 수 있도록 다양한 장애인 편의 시설과 특수 교육 등의 지원을 제공한다. 이는 장애인들에게 주어지는 특별한 혜택이 아니라, 같은 사람으로서 동등한 권리를 누릴 수 있게 하는 기본 발판이다. 우리는 사회적 약자의 관점에서 세상을 바라보며, 어떤 어려움이 있을지 관심을 가지고 공감하고 고민해야 한다. 구성원들이 서로 배려하고 화합할 때 세상은 더 살기 좋고 아름다워진다.

그림책 수업 활동

#1~2학년_세상을 아름답게 만드는 가치 알기

장애 인식 개선 교육은 의무 교육으로, 유·초·중·고등학교 학생을 대상으로 연 1회, 1시간 이상 실시해야 한다. 강사를 초빙하거나 교육부에서 제공하는 장애 인식 개선 교육 자료를 바탕으로 교육할 수도 있지만, 장애 인식 개선과 관련한 그림책을 활용하는 방법도 추천할 만하다. 교사가 그림책을 생동감 있게 읽어 주면 아이들이 내용에 더 잘 몰입해, 등장인물 상황에 공감하면서 장애인의 입장을 잘 이해할 수 있다. 또 핵심 가치를 내면화하고 올바른 인식을 확립하는 데도 도움이 된다.

초등학교 1~2학년을 대상으로는 그림책과 통합 교과를 연계해, '모두가 행복한 아름다운 세상을 만드는 가치 알기'라는 주제로 장애 인식 개선 교육을 진행했다. 그림책을 읽기 전 '스무고개'로 흥미를 유발하고, 질문을 통해 '해바라기'라는 단어를 유추하도록 했다. 책을 읽으면서는 "작은 해바라기는 왜 눈물이 날까요?", "내가 이런 상황이었다면 기분이 어떨 것 같나요?", "작은 해바라기가 큰 해바라기들과 함께 자랄 수 있었던 이유는 무엇인가요?" 같은 발문을 제공해, 주인공 마음에 더 깊이 공감하고 생각을 확장시킬 수 있게 도왔다.

그림책을 읽은 뒤에는 '오늘의 핵심 가치 찾기' 활동을 했다. 끈기, 감사, 화합, 정직, 배려, 열정, 용서 등 다양한 가치 보석을 보여 주고, 아이들에게 생소할 수 있는 단어는 쉬운 예시를 들어 설명했다. 가치 보석을 참고해 모두가 행복한 아름다운 세상을 만들 수 있는 가치는 무엇일지 각자의 생각을 육각 보드에 적고, 이 가치를 고른 이유를 발표하게 했다. 그런 다음 핵심 가치인 배려와 화합에 관해 설명해 주었다.

오늘의 핵심 가치

- 배려 : 주위 사람이나 사물에 관심과 애정을 기울이고 어려울 때 도와주며 서로 존중하는 것
- 화합 : 화목하게 어울린다는 뜻. 다른 사람과 서로 돕고 마음을 나누며 사이좋게 지내는 것

위에서 배운 가치들을 토대로 어려움에 처한 친구를 어떻게 도우면 좋을지 여러 문제 상황을 통해 함께 고민해 보았다. 예를 들어 수업 중

친구가 책의 몇 쪽을 펴야 할지 모를 때, 다리가 불편한 친구가 높은 곳에 있는 책을 꺼낼 수 없을 때 같은 사례를 제시하고, 배려와 화합의 가치를 어떻게 실천으로 옮길 수 있을지 이야기 나누었다.

마지막으로 작은 해바라기에게 위로와 응원의 마음을 담은 '한마디 편지 쓰기' 활동을 했다. 한글을 아직 못 뗀 아이들을 위해 '힘내', '같이 하자', '네 잘못이 아니야!' 등 몇 가지 문구를 미리 제시해 주었다. 아이들의 따뜻한 마음씨가 잘 드러나는 활동이었다. 그중에서도 "작은 해바라기야 힘내. 네 편이 돼 줄게. 넌 정말 소중해"라고 쓴 편지가 기억에 남는다.

아름다운 세상을 만들기 위한 핵심 가치 찾기

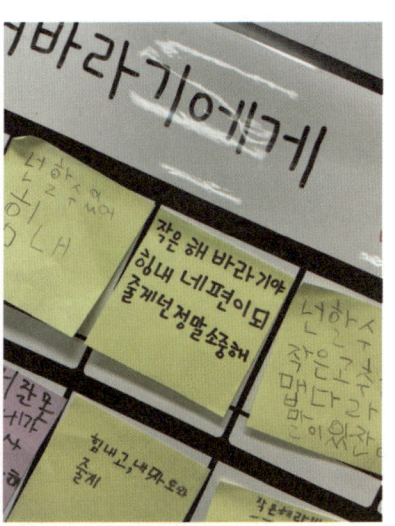
작은 해바라기에게 보내는 응원 편지

#3~4학년_진정한 아름다움 알기

3~4학년은 도덕 교과와 연계해 '참된 아름다움을 알고 실천하기'라는 주제로 장애 인식 개선 교육을 실시했다. 읽기 전 활동으로 스무고개

와 표지 살펴보기를 진행했다. 그림책을 읽은 다음에는 참된 아름다움이 무엇인지 탐구하는 시간을 가졌다. 외모가 빼어난 사람 사진과 자원봉사자의 사진을 비교하며, 외면적 아름다움과 도덕적 삶의 아름다움 중 어떤 것이 더 아름다운지, 그 이유는 무엇인지 이야기 나누었다. 아이들은 이미 정답을 알고 있었다. 질문을 받으면 도덕적인 가치 판단을 할 수 있지만, 삶에서 그런 일을 고민할 기회는 많지 않다. 어린아이라면 더욱 그렇다. 그래서 마음에 와닿는 현실적인 상황을 제시해 그 가치를 깨닫게 하고 싶었다.

도덕적 삶의 아름다움에 관해 알아본 뒤에는 아름다운 세상은 어떤 세상인지 각자의 생각을 나누었다. "선생님은 더불어 사는 세상이 아름다운 세상이라고 생각해요. 나 혼자 잘 먹고 잘사는 것이 아니라 주변 이웃들도 함께 행복해지면 더 멋진 세상이 되지 않을까요?"라며 핵심 내용을 전달했다. 이후 1~2학년과 동일하게 다양한 가치 중 자신이 생각하는 아름다운 세상을 만드는 가치를 골라 그 이유를 발표하고, 핵심 가치인 배려와 화합에 관해 설명했다.

두 번째 활동으로 장애인이 겪을 수 있는 문제 상황들을 제시하고 해결책을 함께 고민했다.

문제 상황 예시
- 지적 장애인이 키오스크를 이용해 음식을 주문해야 할 때 - 휠체어를 탄 지체 장애인이 일반 농구대를 사용해야 할 때

위 같은 상황에서 장애인은 어떤 점이 불편하고, 어떻게 해결할 수 있을지 이야기를 나누었다. 다양한 문제 상황을 통해 평소 생각하지 못했던 장애인의 어려움에 공감할 수 있었다. 또한 이런 문제가 장애인만의 고민이 아닌 사회 전체, 즉 우리가 함께 해결해야 하는 숙제임을 강조했다. 아이들의 빛나는 아이디어와 따뜻한 마음이 돋보이는 시간이었다.

끝으로 모두가 행복한 아름다운 세상을 만들기 위해 실천할 수 있는 일을 포스트잇에 적어 칠판에 붙이도록 했다. '어려움이 있는 친구를 도와주기', '친구를 무시하지 않고 존중하기' 같은 실천안이 나왔다. 한 아이는 '장애가 있는 친구들이 때려도 이해해 주기'라고 적어서, "장애가 있는 친구의 인권이 중요한 것처럼 너의 인권도 중요해. 폭력은 누구에게도 정당화될 수 없어. 혹시 장애가 있는 친구가 널 때린다면 하지 말라고 강력하게 거부하고 주변 어른들에게 알려야 해"라고 일러 주었다. 간혹 장애가 있는 친구에게는 다 양보하고, 부당한 일을 겪어도 참아야 한다고 생각하는 아이들이 있다. 하지만 이는 잘못된 생각이다. 장애인이든 비장애인이든 상관없이 사람은 누구나 같은 권리를 누려야 한다. 장애가 있어도 차례를 지키고 폭력을 쓰지 않아야 하는 것은 똑같다. 사람은 모두 동등하기 때문이다.

#5~6학년_공정한 사회를 만들기 위한 우리의 실천

5~6학년 역시 도덕 교과와 연계해 '공정'을 주제로 장애 인식 개선 교육을 실시했다. 첫 번째로 그림책 상황을 통해 '공정'의 개념을 알아보았다. 공정이란 '공평하고 올바름'을 뜻한다. 공정이 어떤 것일까 묻자 대부분 아이들이 "모두가 똑같이 하는 것"이라고 대답했다. 과연 공정이

어떤 상황에서도 누구에게나 똑같이 하는 것일까? 큰 해바라기들은 햇볕과 빗물을 당연하게 받을 수 있지만 작은 해바라기는 그렇지 못한 장면을 보며, 이 상황이 공정한지 함께 생각해 보았다. 아이들은 모두 이 상황이 공정하지 못하다고 했다. 이유는 무엇일까? 이는 같은 상황에서는 상대적으로 키가 작은 해바라기가 햇볕과 빗물을 얻을 기회를 균등하게 얻지 못하기 때문이다.

두 번째 활동으로 '배리어 프리' 개념과 연관 지어 공정을 한층 깊게 탐구했다. '배리어 프리'란 장벽(barrier)이 없다(free)는 뜻으로, 어린아이도 노인도 장애인도 불편함 없이 생활할 수 있는 환경을 만들기 위해, 물리적·제도적 장애물을 없애는 것을 의미한다고 설명해 주었다. 예를 들어 저상 버스, 엘리베이터 등으로 몸이 불편한 사람도 이동에 장애가 없게 하는 것이다. 실제 사례들을 들면서 장애가 걸림돌이 되지 않게 사회가 다양한 발판을 제공해, 우리가 편리하게 누리는 것을 장애인도 똑같이 누릴 수 있게 하는 것이 진정한 공정이라는 핵심 내용을 전달했다.

주변에서 발견할 수 있는 '배리어 프리' 사례
장애인 전용 주차 구역, 경사로, 점자 블록, 저상 버스, 화면 해설 방송(자막), 엘리베이터, 무장애 통합 놀이터, 전자 제품의 음성 인식 및 출력 기능 등

세 번째 활동으로 신체적 또는 정신적 장애로 어려움을 겪는 문제 상황을 제시하고, 어떻게 하면 공정한 환경을 만들 수 있을지 해결 방법을 찾아 보았다. 최근 전기차가 많이 운행되고 있다. 전기차는 기존 차에 비해 소음이 없는 것이 장점이지만, 이는 시각 장애인들이 보행할 때 사고

위험을 높이는 요인이 된다. 이 문제를 어떻게 해결하면 좋을지 질문하자 "사람이 앞에 있으면 차에서 소리가 나게 해요"라는 답변이 많이 나왔다. 현재 여러 나라에서 '음향 차량 경보 시스템 의무화' 제도를 시행 중인데, 이런 관점에서 해결책을 제시한 것이다. 이처럼 새로운 제품을 만들기 전에 다양한 사람의 입장과 관점을 고려해 디자인한다면, 발생 가능한 문제를 사전에 예방할 수 있다고 짚어 주었다.

마지막으로 장애인도 함께 행복한 공정한 사회를 만들기 위해 지금 실천할 수 있는 일을 적게 했다. '게임 규칙을 바꿔서 같이 하기', '몸이 불편한 사람 돕기', '차별하지 않기' 같은 답변이 나왔다.

이처럼 하나의 그림책을 활용해 학년별로 장애 인식 개선 교육을 실시할 수 있다. 세부 주제는 다르지만 '장애가 있는 사람의 시선으로 바라보며 공감하고, 아름다운 사회를 만들기 위한 가치를 알고 실천하기'라는 맥락은 동일하다. 우리 아이들이 배려와 화합의 가치를 잘 기억하고 올바른 사회를 이끌어 가는 리더로 성장하면 좋겠다.

✏️ 그림책으로 '공감 지수' 레벨 UP!

그림책 『파닥파닥 해바라기』를 통해 장애로 어려움을 겪는 친구의 상황에 공감할 수 있는 수업을 디자인해 보세요.

✏️ 그림책으로 아이들과 나눌 수 있는 질문

Q1. 작은 해바라기는 왜 눈물이 날까요?

Q2. 작은 해바라기가 함께 자랄 수 있었던 이유는 무엇인가요?

Q3. 모두가 행복한 세상을 만들기 위해 내가 실천할 수 있는 일은 무엇인가요?

✏️ 함께 읽으면 좋은 그림책

- 『위를 봐요!』 정진호 글·그림, 현암사
- 『털북숭이 형』 심보영 글·그림, 그레이트북스
- 『다른 애들이랑 똑같이 할 수가 없어』 유아사 쇼타 글, 이시이 기요타카 그림, 김숙 옮김, 북뱅크

06 시끄럽고 때론 무질서한 우리 반, 교사의 무능으로 느껴질 때

모두가 행복한 학교 공동체 만들기 『너저분 선생님과 깔끔 선생님』

| | 고민 샘 | 선생님 반은 어쩜 그렇게 수업 시간에 조용해요? 우리 반은 너무 시끄러워요. 줄 설 때도 질서를 안 지키고 소란스러워 고민입니다. |

아주 샘 : 우리 반도 그래요. 학생들에게 질서를 가르치는 일은 쉽지 않더라고요. 같은 말을 여러 번 반복하며 지도하는 건 유쾌하지 않은 일이죠.

고민 샘 : 저는 학생과 학부모님에게 '엄하지 않다'는 말을 들을 때 교사로서 자존심이 상해요. 저의 교직 생활을 돌아보게 되고, 무능한 교사가 아닌지 검열하게 됩니다. 정말 힘들어요.

아주 샘 : 선생님 마음이 얼마나 힘들지 짐작됩니다. 하지만 선생님, 힘을 내세요.

고민 샘 : 학생들이 엄격하고 무서운 선생님 지시를 잘 따르는 모습을 보면서 저를 싫어하는 건 아닌지 걱정될 때도 많아요.

아주 샘 : 엄격함이 교사의 자질 중 하나인 건 맞죠. 하지만 선생님이 가지신 고유한 장점이 있잖아요. 마침 선생님께 소개하고 싶은 그림책을 발견했어요. 같이 읽어 볼까요?

> **고민**
>
> <u>시끄럽고 무질서한 우리 반, 교사의 무능으로 느껴질 때 어떻게 하면</u> 좋을까요?

그림책 이야기

#학생은 다양해요, 선생님도 다양해요

다양한 학생이 있는 교실에서 학생 한 명 한 명을 살피며 수업하는 건 분명 어려운 일이다. 학생의 마음을 세심하게 살피고 싫은 소리를 못 하는 선생님이라면 고충은 더 심하다. 거의 모든 학교에서 3월 첫째 주와 둘째 주를 학급 세우기 주간으로 두고, 일 년 학급살이를 위해 아이들과 함께 규칙을 만들고 역할을 정한다. 지키지 못할 많은 규칙보다는 반드시 지켜야 할 규칙을 교실에 게시하고 일 년 동안 일관성 있게 지도하는 건 기본이면서도 중요한 원칙이다.

『너저분 선생님과 깔끔 선생님』
파프리지오 실레이 글,
안토지오나타 페라리 그림,
명혜권 옮김, 맛있는책

나의 교실을 떠올려 보자. 규칙을 어긴 아이들에게는 어떤 벌을 주는가? 혹시 마음이 약해 규칙을 어겨도 그냥 넘어가는 일은 없나? 행동과 책임은 짝꿍과도 같다. 자신의 행동으로 피해가 발생했다면 책임지는 것이 당연하다는 사실을 아이들은 교실에서 경험으로 배워야 한다. 함께 살아가는 공동체에서 꼭 필요한 생활 태도기 때문이다.

그렇지만 자유롭고 허용적인 분위기에 다소

시끄럽지만 창의적인 교실도 있다. 질서와 규칙이 강조된 학급과 자유롭고 허용적인 교실. 어느 쪽이 더 좋다고 말할 수 있을까? 반듯하게 줄을 맞춘 책상과 의자, 깔끔하게 정돈된 교실. 책상 위에는 교과서와 필기구만 놓여 있고, 허리를 곧추세우고 선생님을 바라보는 학생들. 이 교실은 무조건 행복할까? 물론 함께 생활하는 학교 공동체에서는 안전을 위해 질서를 백번 강조해도 지나치지 않다. 그러나 선생님의 권위로만 세워진 질서는 답답하고 억압적이다.

올해 만난 6학년 아이들에게 물었다. 6학년은 초등학교에서 역사가 가장 긴 학생들이다. 6학년이 될 때까지 많은 선생님의 영향을 받았을 것이다. 아이들에게 담임 선생님을 비롯해 여러 전담 선생님, 외부 강사, 방과후 및 학원에서 만난 선생님 중 가장 기억에 남는 선생님의 특징을 적어 보라고 했다. '엄격하지만 재미있는 선생님', '칭찬을 많이 해 주시는 선생님', '친절한 선생님', '공부를 잘 가르쳐 준 선생님', '무서운 선

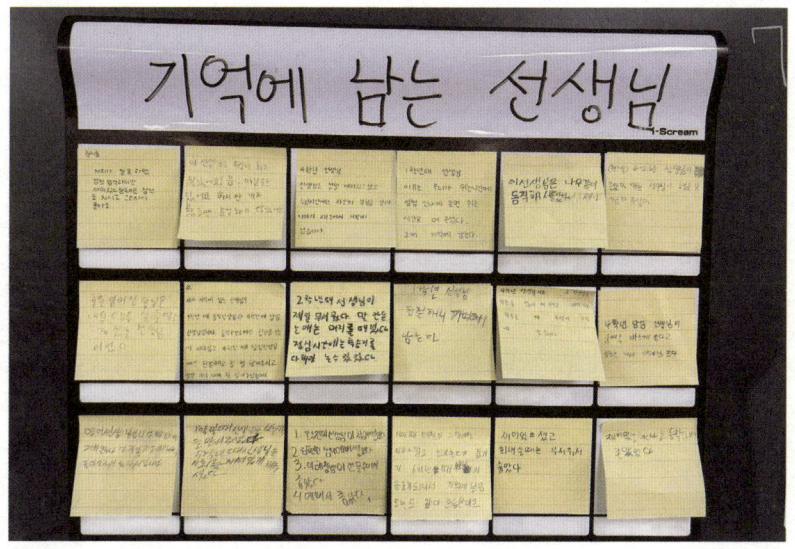

기억에 남는 선생님과 특징 적기

생님' 등 다양한 답이 돌아왔다. '수업 시간에 이야기를 많이 들려준 선생님', '쉬는 시간에 신나게 놀 수 있게 해 준 선생님'도 있었다.

우리는 다양성이 강조된 사회에서 살고 있다. 그러나 학교라는 조직은 아이들의 다양성과 개성을 충분히 존중해 주는 여건을 조성하기가 어렵다. 교사 한 명이 스무 명 넘는 아이의 세계를 모두 존중하면서 교육과정 전문가로, 생활 지도 전문가로, 교육 행정 전문가로, 창체로 분류된 많은 비교과 분야의 전문가로, 역할을 모두 해내기란 불가능에 가깝다. 선생님 역시 개성을 가진 한 사람이다. 아이들은 해마다 다양한 선생님을 만나고, 교실 안에도 다양한 아이가 모여 있다. 이렇게 다양한 존재들이 만나는 교실에서 강조되어야 할 것은 서로를 이해하고 존중하는 태도다.

#너저분 선생님, 깔끔 선생님 그리고…

그림책은 표지에서부터 이야기가 시작된다. 너저분 선생님이 누구인지, 깔끔 선생님이 누구인지 한눈에 알아볼 수 있다. 너저분 선생님의 시선을 따라가니 자유분방한 아이들이, 깔끔 선생님 앞에는 질서정연한 아이들이 보인다. 나의 시선은 어디를 향하고 있는지 알아차려 본다. 표지 속 아이들이 그린 그림들의 특징도 눈여겨볼 만하다. 표지를 자세히 살펴보는 것으로도 많은 대화를 나눌 수 있다. 그림책 수업에서는 교사가 먼저 그림책을 깊게 읽고 내용을 숙지한 뒤에 수업을 진행해야 한다. 그럼에도 아이들과 같이 읽으면 혼자 읽을 때 발견하지 못한 새로운 것들이 발견된다. 그림책 읽기를 지속할 수밖에 없는 즐거움이다.

그림책을 읽을 때 제목을 가리고 아이들이 제목을 추측해 보는 활동을 자주 한다. 실제 제목과 유사하게 추측하는 경우도 있고, 더 재미있는 제목을 지어 줄 때도 있다. 이번에는 '지저분 선생님과 깔끔 선생님'이라는, 실제 제목에 가까운 추측이 나왔다. 두 인물을 '지저분 선생님'과 '깔끔 선생님'이라 칭하고, 아이들에게 물었다.

"만약 여러분이 담임 선생님을 선택할 수 있다면, 두 선생님 중 어느 쪽을 택하고 싶나요?"

가치 수직선에 어떤 선생님이 담임으로 좋은지 선택하게 했다. 결과

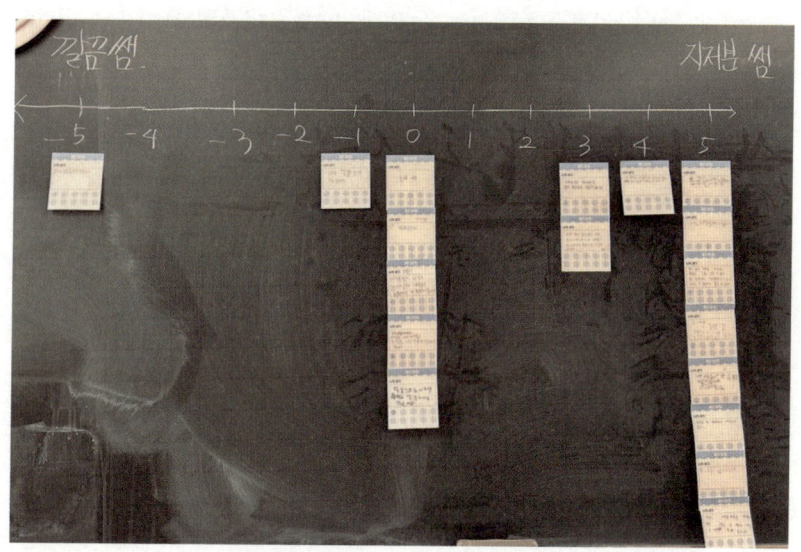

가치 수직선에 담임으로 좋은 선생님 선택하기

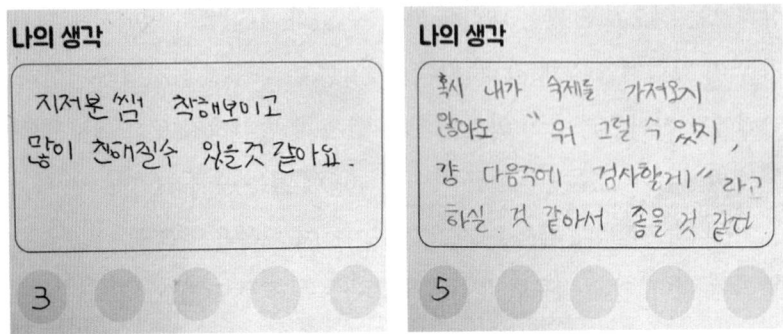

'지저분 선생님'을 담임으로 선택한 이유 쓰기

는 흥미로웠다. 과반 이상이 자유로운 분위기의 지저분 선생님을 선택했다. 담임인 나는 수직선의 어디쯤에 해당하는지도 물었다. 중간이지만 살짝 깔끔 선생님 같다는 답변을 받았다.

가치 수직선 활동 후 제목을 공개했다. 표지를 충분히 살피고 책장을 넘기니 면지가 나온다. 앞 면지는 시원하고 어쩌면 차가울 수도 있는 푸른색이다. "앞 면지를 보니 어떤 선생님이 떠오르나요?" 하고 물으니, 바로 깔끔 선생님이라는 답이 나온다.

책 내용으로 들어가면 너저분 선생님과 깔끔 선생님의 대조적인 생활 모습이 초반을 장식한다. 두 선생님의 핵심적인 특징을 재치 있고 유머러스하게 그려 냈다. 서로를 이해하지 못하고, 상대의 못마땅한 모습과 다른 자신을 다행이라고 여기는 장면에서는 묘한 동질감이 느껴진다. 나와 다른 존재를 대할 때 손쉽게 판단해 버리는 실수 말이다.

'나는 저 사람이랑 다르니 얼마나 다행이야.'

_본문에서

그런데 달라도 너무 다른 이 둘은 같은 일을 한다. 같은 학교 선생님인 것이다. 이 사실을 확인하고 책 읽기를 잠시 멈추었다. 그림책을 읽던 날 시간표는 국어, 수학, 미술 수업이 있었다. 그래서 그림책 속 두 선생님의 국어 시간은 어떨지, 수학 시간은 어떨지, 그리고 미술 시간은 어떨지 이야기를 나누었다. 재미있는 이야기가 오갔다. 이어서 실제 그림책 속 두 선생님의 교실을 살펴보았다. 둘의 상반된 수업 장면에서도 공감과 차이를 느낄 수 있다. 사람은 완벽할 수 없다. 두 선생님 모두 강점과 동시에 약점을 지녔다. 너저분 선생님의 부족함을 깔끔 선생님을 닮은 아이가 메우고, 깔끔 선생님도 너저분 선생님을 닮은 아이에게 도움을 받는다. 모든 선생님이 동일한 능력을 가지고 유사한 수업 방식으로 학교 현장에서 근무한다고 생각해 보자. 아이들은 행복할까? 인간의 다양성은 사회 갈등의 원인이면서 해결책이기도 하다. 우리의 다름은 서로의 부족함을 채워 주며 함께 살아갈 수 있게 한다. 아이들도 다양한 선생님들을 만나며 여러 가지를 경험하고 고르게 성장해 나갈 수 있다.

#극과 극은 통한다. 중간도 늘 존재한다.
고로 우리는 모두 존재해야만 한다

극과 극에서 자신의 스타일을 고집하던 두 선생님을 변화시킨 건 또 다른 개성을 지닌 선생님의 등장이다. 새로운 선생님의 등장으로 이야기는 새 국면을 맞는다. 양극의 선생님이 일치하는 지점이 생겼으니, 바로 두 선생님 모두 새로운 여선생님에게 푹 빠지고 만 것이다. 너저분 선생님도 깔끔 선생님도 새로운 여선생님 마음에 들기 위해 각자가 고집해 온 가치를 내려놓고 서로 닮으려 '노력'한다. 모든 관계에는 노력이 필요하다. 우리에게는 고정된 한 가지 모습만 존재하지 않는다. "이게 나야, 나는 원래 그래"라는 말을 종종 하는데, 변화하지 않으려는 변명에 불과하다. 노력 여하에 따라 변화할 가능성은 누구에게나 있다. 그리고 어떤 모습이라도 존재 자체로 소중하다는 사실은 변함이 없다는 점도 기억해야 한다.

새로운 선생님의 등장으로 두 선생님은 변한다. 셋의 관계는 어떻게 될까? 아이들한테서 재미있는 추측이 많이 나오니, 마지막 장을 펼치기 전 결과를 예측해 보는 시간을 반드시 갖기를 권한다.

뒤 면지는 너저분 선생님을 연상시키는 붉은색임을 확인하고, 책을 덮어 뒤표지도 확인한다. 그러고 보니 표지 제목도 붉은색과 푸른색이었다는 걸 발견하게 된다.

조금 추상적이지만 사회나 학교에서 빠져서는 안 될 핵심 가치인 '사랑'이 우리의 차이와 다름을 극복하는 해결책이라고 믿는다. 아이들을 향한 '사랑'이 있다면, 그 마음을 놓지 않는다면, 우리는 가끔 넘어져도 아주 지지는 않는 교사가 될 것이다.

그림책 수업 활동

#극과 극의 만남, 조화로운 삶을 향해

아이들에게 인물의 성격에 따라 떠오르는 색을 생각해 보게 했다. 롤 스케치북을 길게 펼쳐 놓고 적당히 자리를 잡도록 안내했다. 날씨가 좋으면 밖에서 활동하기를 추천한다. 아니면 복도도 좋다. 다른 반에 피해가 되지 않게 자신을 절제하는 연습을 할 수 있다. 롤 스케치북 양 끝에 빨간색과 파란색 채색 도구를 두고, 마음에 드는 색 쪽으로 가서 그림을 그리게 했다. 아무런 지시도 없이 자유롭게 말이다. 아이들은 각자 원하는 색깔로 원하는 형태를 자유롭게 그리기 시작했다. 서로 영역을 지키며 그림을 그려 나가다 가운데 지점에서 만난 아이들은 잠시 주춤하더니 나를 쳐다본다.

"반대 색깔 그림을 지우거나 일부러 망치려는 게 아니라면, 각자의 그림에 조화롭게 반대색으로 그림을 그려 보세요."

아이들은 신이 나서 반대쪽으로 가서 그림을 그린다.

"선생님~ ○○이가 제 그림 망쳤어요."

이런 말도 분명 나온다. 이때는 그림 그리기를 잠시 중단하고 단호하게 지도한다. 빨강과 파랑이 경쟁하는 것이 아니라 서로 조화롭게 하나

양극에서 각자의 색으로 그림을 그리다 서로 만남

 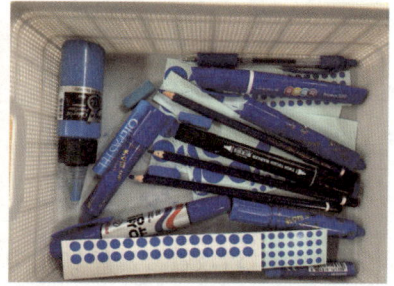

빨강과 파랑 채색 도구

Ⅲ. 관계의 어려움 보듬기

의 그림을 완성하는 과정이라고, 상대에 대한 존중을 바탕으로 조화로운 그림을 그리자고 말이다.

완성된 그림을 칠판 아래 붙였다. 멀리서 그림을 본 학생들이 말했다.
"야, 뭔가 느낌이 있다. 예술 작품 같은데?"

처음에 자신의 그림을 망친다고 투덜거리던 아이도 완성된 전체 그림을 보고 만족스러워했다. 혼자서 한 가지 색으로 그린 것보다 함께 다양한 색깔로 어우러진 그림이 더 재미있고 의미 있다고 느낀 것이다. 이 활동을 통해 아이들은 다양성을 존중하는 태도를 익힌다. 나아가 함께 읽은 그림책을 떠올리며, 선생님들 역시 다양한 개성과 특성을 지닌 존재라는 사실을 알게 된다. 때론 자신과 맞지 않는 선생님을 만날 수 있지만, 다양한 선생님들의 가르침이 조화로운 인간으로 성장하는 데 도움이 된다는 점을 아이들에게 말해 주면 어떨까? 그러므로 학교에서 만나는 모든 선생님을 존중하고 선생님의 지도에 귀 기울여야 한다는 점을 강조해 보기를 권한다.

소란스러운 교실 한가운데서 자책하며 자신이 무능한 게 아닐까 고민하는 선생님들의 마음의 무게가 느껴진다. 교사는 아이에게 좋은 것을 주려는 마음뿐이다. 그러니 모든 선생님은 좋은 선생님이다. 미래의 어느 날 아이들은 '따뜻하고 허용적인 선생님' 이라서 기억에 남는다며 선생님을 추억할 수도 있다. 아이들이 만나는 다양한 선생님 중 허용적이고 따뜻한 선생님도 있어야 한다는 사실을 잊지 말고, 선생님 자신으로 교단에 당당히 서기를 응원한다.

멀리서 본 그림-완성된 합동 작품, 빨강과 파랑의 조화

정성스럽게 그린 파란 집에 빨강으로 불을 질러 속상해했던 장면

빨강으로 그린 사람에 파란 스티커를 붙이니 재미있는 장면이 연출됐다.

빨강 볼 터치가 귀여움을 더해 주었지만, 옆에 낙서를 쓰고 지운 흔적도 보인다.

가까이 본 그림-다양한 흔적들이 보인다

III. 관계의 어려움 보듬기

✏️ **그림책으로 '행복한 학교 공동체 만들기' 레벨 UP!** ················

그림책『너저분 선생님과 깔끔 선생님』으로 모두가 행복한 학교 공동체를 만드는 수업 활동을 디자인해 보세요.

✏️ **그림책으로 아이들과 나눌 수 있는 질문** ················

Q1. 나는 너저분 선생님과 깔끔 선생님 중 누구를 닮았나요?

Q2. 한 선생님과 6년을 보내면 어떤 장단점이 있을까요?

Q3. 서로 다른 사람이 조화를 이루려면 어떤 노력을 해야 할까요?

✏️ **함께 읽으면 좋은 그림책** ················

- 『새빨간 질투』 조시온 글, 이소영 그림, 노란상상
- 『이상하게 이상한 덧셈』 채인선 글, 김진화 그림, 논장
- 『쫌 이상한 사람들』 미겔 탕코 지음, 정혜경 옮김, 문학동네

07 서로 존중하는 우리 반을 만들고 싶을 때

너와 나의 수상한 보물찾기 『수상한 우리 반』

☹ **고민 샘**   우리 반 아이들은 배려하는 마음이 부족해요. 실수한 친구를 탓하다가 울리기도 하고, 서로 만들어 놓은 작품을 놀리기도 하고요. 특히 오늘은 한 아이가 놀이에 어떤 친구만 끼워 주지 않았어요.

☺ **사이다 샘**   그랬군요. 아이들이 서로 존중하고 배려하면 좋을 텐데요. 아직 저학년이다 보니 친구보다는 자신의 입장을 중심으로 생각하기 쉬워요. 다른 사람의 마음을 이해하기도 어렵고요. 그래서 학급 아이들이 서로를 대하는 규칙이나 기준을 만들어 주는 것이 중요해요. 서로 존중하는 행동은 어떤 것인지, 어떤 마음이어야 하는지 같은 것들요!

☹ **고민 샘**   어디서부터 어떻게 말해야 아이들이 잘 이해하고 받아들일 수 있을까요?

☺ **사이다 샘**   아이들에게 전하고 싶은 말이 있을 때 그림책이 좋은 방법이 될 수 있어요. 그림책 속 이야기와 인물에 빗대어 자신과 남의 입장을 생각해 볼 수 있거든요. 아이들에게 읽어 줄 만한 그림책을 한 권 소개할게요.

III. 관계의 어려움 보듬기

> **고민**
> 학급 아이들에게 서로 존중하는 마음을 가르쳐 주려면 어떻게 해야 할까요?

그림책 이야기

#서로 생긴 모습은 달라도

우리는 모두 다르다. 생김새도, 목소리도, 생각하는 방법도, 마음을 표현하는 방법도 모두 제각각이다. 이렇게 서로 다른 빛깔을 가진 아이들이 교실에 모여 '우리'가 되고, 일 년을 함께 보낸다. 3월이 되면, 그저 지나가던 나와 무심코 지나치던 아이들이 순식간에 하나로 묶인다. '우리 반'이 뭐길래. 하루에도 수십 번 천국과 지옥을 오가지만 아무튼 일 년은 '우리 반'이다. 헤어지기 싫을 만큼 좋아도, 또 그렇지 않더라도 예외는 없다.

새 학기 첫날, 주위를 둘러보고 자신과 똑같은 친구가 있는지 찾아보라고 하면 전부 다 다르게 생겼다고 말한다. 그러면서도 친구와 자신의 다름을 이해하고 받아들이는 일은 참 어려운 모양이다. 너와 나는 다르지만, 누가 맞고 누가 틀린 것은 아니라는 말을 하고 싶었다. '달라도 괜찮아'라는 말은 힘이 있다. 우리가 다른 것은 당연한 일이니 남과 다른 것을 부끄러워하거나 놀림거리로 삼으면 안 된다고 말하는 힘 말이다. 그리고 그림책을 통

『수상한 우리 반』
박승희 글·그림, 토토북

해 그런 이야기들을 전할 때, '괜찮아'로 넘실거리는 따뜻한 분위기를 만들어 준다.

그림책 『수상한 우리 반』은 앞 면지와 뒤 면지의 교실 풍경을 비교해 보는 재미가 있다. 교실 풍경에는 담임 선생님도 함께 그려져 있는데, 선생님 모습에도 변화가 있다. '우리 반'에는 담임 선생님도 분명 한 자리를 차지하고 있으며, 바뀐 것은 아이들만이 아니라는 점을 이야기하는 듯하다. 그림 속 교실 환경 게시판에 쓰여 있듯, 이 '얌전한 교실'에 '수상한 녀석'이 나타나면서 이야기는 시작된다.

수상한 녀석이 소개한 자신의 이름은 '초록털북숭이'다. 얼굴이 초록털로 뒤덮인 초록털북숭이는 갑자기 울고, 웃고, 소리 지른다. 선생님 말씀도 듣지 않고 수업 시간에도 제멋대로 행동한다. 여기에서 아이들은 어쩌면 우리 교실의 누군가를 떠올리거나, 이전에 만났던 어떤 친구를 떠올릴 수도 있다. 초록털북숭이를 바라보는 반 친구들의 표정처럼, 아이들은 자신과 다른 친구를 불편해했을지도 모른다. 그러던 어느 날, 한 아이가 그동안 숨겨 온 자신의 주황색 꼬리를 친구들에게 들키고 만다.

> 바로 그때, 초록털북숭이가 소리쳤죠.
> "우아! 꼬리 진짜 멋지다!"
>
> _본문에서

그림책에서 유일하게 색깔을 가진 초록털북숭이와 달리, 흑백으로만 그려졌던 아이들은 이렇게 하나씩 자기들만의 색깔을 찾아 간다. 남달리 크고 뾰족한 송곳니를 가진 아이, 머리에 뿔이 난 아이, 배꼽에서 새싹이 자라는 아이, 겨드랑이에 날개가 돋은 아이가 차례로 베일을 벗는다. 그림책 장면 곳곳에 아이들이 가진 '수상한' 비밀에 대한 힌트가 있으니 아이들과 보물찾기하듯 그림책 앞뒤를 오가며 자세히 살피는 것도 좋다. 아이들은 의외로 그림을 잘 읽어 내기 때문에, 가끔 선생님이 보지 못한 그림도 찾아 낸다.

자신이 숨겨 왔던 모습을 드러낸 아이들은 이제 서로의 다름을, '수상한 비밀'을 마주하는 것이 전혀 불편하거나 부끄럽지 않다. 모두 하나씩 가지고 있고, 서로 다 다르기 때문이다. 아이들 표정이 밝아진 것은 말할 것도 없다.

우리 반에서도 아이들이 가진 수상한 비밀, 어쩌면 선생님인 나 자신도 감추고 있던 수상한 비밀을 함께 찾아보면 어떨까? 그러고 나면 그것은 더 이상 수상하지 않고 불편하지 않은, 어쩌면 당연한 무언가가 되어 있을지 모른다. 친구의 다름을 인정하고 존중하는, 나의 다름을 용기 있게 쑥 내밀어 보는 첫걸음을 아이들과 함께해 보길 바란다.

> 결국 우리 반은 초록주황반짝뾰족불쑥새싹펄럭날개반이 되었습니다.
>
> _본문에서

그림책 수업 활동

#우리는 모두 친구_만나기

표지에 등장하는 여섯 아이는 각자 다른 색깔의 물감을 사용해 모두 다른 방법으로 제목 글자를 칠하고 있다. 오늘의 주인공인 초록털북숭이도 있으니 꼭 짚고 넘어간다.

- "왜 이 친구만 얼굴이 초록색일까?"
- "친구들이 그림을 그리는 모습이 어떠니? 전부 다 다르지?"
- "수상한 우리 반? 무엇 때문에 수상하다는 걸까?"

다시 여섯 아이를 자세히 들여다보면 오늘 읽을 내용의 단서들을 발견할 수 있다. 이 부분은 지금 이야기해도 좋고, 책을 읽는 중이나 다 읽은 후에 다시 앞으로 돌아와서 살펴봐도 좋다. 추천하고 싶은 것은 두 번째 방법이다. "아! 그래서 그랬구나~" 하는 감탄사가 나오기 때문이다.

#우리는 모두 친구_다가가기

이 그림책은 글 양이 많지 않다. 하지만 읽어야 할 그림이 곳곳에 숨어 있어서, 한 장 한 장 천천히 또 충분히 이야기를 나누며 넘겨야 한다. 어딘가 수상한 아이들의 몸짓이나 표정에 집중하면 좋다.

- "교실 앞 게시판에 뭐라고 쓰여 있는지 보이니?"
- "친구들의 몸짓을 볼까? 각자 어떤 모습으로 서 있니? 왜 그럴까?"
- "그림에 색깔이 있는 부분과 없는 부분이 있구나. 무슨 차이일까?"

또 그림 장면에 관해 아이들의 경험과 생각을 물어볼 수도 있다. 초록털북숭이처럼 행동하는 친구를 보면 어떤 생각이 드는지, 그림책에서 무엇이 느껴지는지 등을 질문한다.

- "혹시 저렇게 실수한 적이 있었니?"
- "주변에 저런 친구가 있으면 어떤 마음이 들겠니?"
- "저렇게 얼굴을 찡그리는 대신에, 어떻게 친구를 대하면 좋을까?"
- "초록털북숭이가 이렇게 행동하는 이유는 뭘까? 나쁜 친구여서 일까?"

이야기가 전개되면서 초록털북숭이는 친구들의 '보물'을 찾아낸다.

그것은 바로 각자 다른 점이다. 서로의 다른 점이 장점인지 단점인지, 그림책만 보고는 알 수 없다. 그리고 그게 무엇이든 간에 '보물'이라는 말로 표현한 그림책의 따뜻함이 정겹다. 친구들마다 어떤 보물을 숨겼는지 알고 나면, 다시 앞 장면으로 돌아가 그림을 살펴보며 또 한 번 재미있는 시간을 가질 수 있다. 그리고 뒤 면지에 나타난 전과 달라진 교실의 모습을 이야기한다.

- "여기서 친구들에게 숨어 있던 보물은 무엇을 의미할까?"
- "너희에게도 이런 수상한 보물이 생긴다면, 무슨 색이고 어떤 모양일까?"
- "자신의 보물을 다 드러내고 친구들이 더 즐거워진 이유는 무엇일까?"

#우리는 모두 친구_가까워지기

그림책을 읽으며 서로 다름에 관해 느끼고 이야기한 내용들을 정리해 보았다.

그림책에서 뽑은 생각거리
1. 뾰족한 발톱, 불쑥 뿔, 주황 꼬리와 같은 그림이 의미하는 것은 무엇일까? 2. 뾰족한 발톱, 불쑥 뿔, 주황 꼬리와 같은 그림을 왜 '보물'이라고 부르는 걸까? 3. 서로 달라서 좋은 점은 무엇일까?

그림책의 주요 메시지를 담아 만든 위의 질문들을 패들렛에 올리고 아이들이 의견을 자유롭게 달게 한다. 패들렛은 말하기를 어려워하는 아이들도 편하게 참여할 수 있고, 실시간으로 공유되는 친구의 의견을

한눈에 볼 수 있어 좋다. 자신의 생각을 쓰고 친구의 다양한 의견을 둘러보고 나면, 공감이나 칭찬의 의미로 '좋아요'를 누를 수도 있다. 전자 기기 사용이 어려운 저학년은 직접 말을 하거나, 포스트잇과 스티커를 사용해도 좋다.

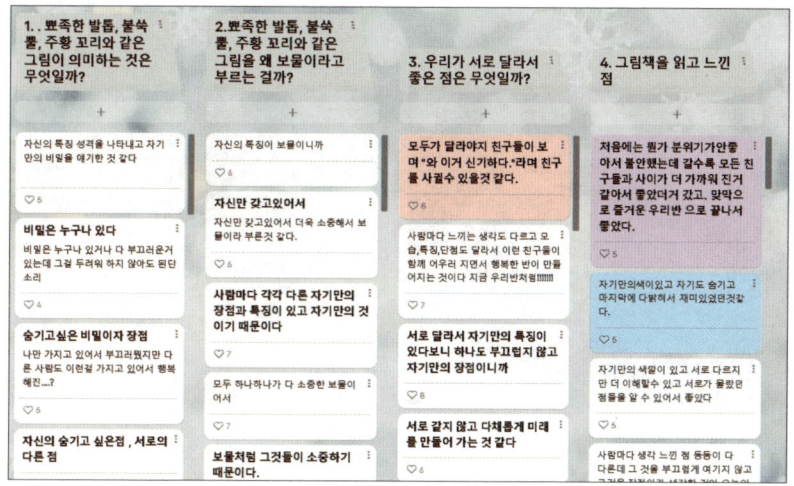

패들렛으로 공유한 질문과 답변들

#우리는 모두 친구_더 가까워지기

이제 그림책 속 이야기를 현실로 옮겨 올 차례다. 우리 반이 '수상한 우리 반'이 되어 보는 것이다. 자신의 수상한 비밀은 무엇인지, 그리고 친구들이 그런 자신을 어떻게 대해 주면 좋을지 생각해 본 다음 좋아하는 색을 골라 그림으로 표현했다.

한 사람씩 앞에 나와 '나의 보물'을 발표해 본다. 친구가 들고 나온 작품은 친구의 어떤 점인지 예상하고 살펴보며, 그동안 잘 안다고 생각했던 친구를 새롭게 발견하는 기회가 될 것이다.

『수상한 우리 반』을 읽고 있을 선생님들의 '수상한 우리 반'은 어떤 모습일지 궁금해진다. 아이들이 서로 달라서 좋은 점을 찾고, 서로 달라서 불편한 점도 존중과 배려로 받아들일 수 있다면 좋겠다. 나와 너는 다르지만 모두 소중하다는 사실을 아이들이 알아 갈 수 있기를 바라며, '근육반반뾰족따끈만두반짝길쭉짝짝수염반'에서 응원을 보낸다.

나의 수상한 비밀 그리기

 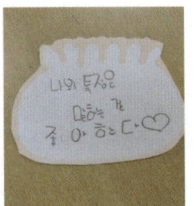 

말하는 것을 좋아하는 나의 마음속 만두   집에선 소심한 나의 옆 얼굴 춘식이

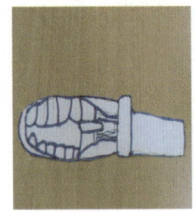 

발표하는 게 부끄러운 나의 입 지퍼   집에서는 화를 많이 내는 나의 배꼽 포도

✏️ '다름을 인정하는 우리'로 성장하는 수업 디자인하기

그림책 『수상한 우리 반』을 통해 우리 반 아이들이 서로의 다름을 인정할 수 있는 활동을 디자인해 보세요.

✏️ 그림책으로 아이들과 나눌 수 있는 질문

Q1. 나에게 있는 수상한 특징은 무엇인가요?

Q2. 그림책 속 우리 반의 이름을 어떻게 짓고 싶나요?

Q3. 그림책 속 우리 반은 앞으로 어떻게 바뀔까요?

✏️ 함께 읽으면 좋은 그림책

- 『내 멋대로 슈크림빵』 김지안 글·그림, 웅진주니어
- 『다다다 다른 별 학교』 윤진현 글·그림, 천개의바람
- 『모두 다 꽃이야』 류형선 글, 이명애 그림, 풀빛

08 서로 돕고 사랑하는 기쁨을 가르쳐 주고 싶을 때

우리가 가진 미덕 보석 찾기 『당신의 빛』

😟 고민 샘	우리 반 아이들은 자기중심적인 경향이 있는 것 같아요. 조별 활동을 할 때 서로 도와 가며 하기보다 개인이 더 돋보이려 하고, 친구를 칭찬하기보다 잘못을 지적해서 싸움이 자주 일어나요.
🙂 소다 샘	많이 속상하시겠어요. 우리 아이들은 이미 빛나는 미덕의 보석을 가지고 있는데, 선생님 반 친구들은 아직 그 보석이 잠자고 있나 봐요.
😟 고민 샘	미덕의 보석은 뭐고, 그게 자고 있다니, 무슨 말씀인지 잘 모르겠어요.
🙂 소다 샘	이 그림책으로 우리가 이미 가지고 있는 선한 마음인 미덕이 무엇인지, 일상생활에서 미덕의 보석을 깨우는 방법은 무엇인지 알려드릴게요!

고민

어떻게 하면 아이들이 서로 돕고 사랑하는 마음을 가질 수 있을까요?

그림책 이야기

#우리가 가지고 있는 아름다운 빛

　그림책 『당신의 빛』의 주인공은 미술 수업을 듣고 사람들의 머리에 있는 환한 빛을 발견하기 시작한다. 중세 시대 서양 미술에서는 종교적인 내용을 전달하기 위해, 남을 위해 희생한 사람들을 그릴 때 머리에서 빛이 나도록 표현했다는 선생님의 설명을 들은 다음부터였다. 처음에는 소방관과 봉사 활동가처럼 남을 돕는 사람들의 머리에서 빛을 발견했고, 나중에는 반 친구 모두와 주인공 자신의 머리에서도 빛을 발견한다. 이처럼 그림책 작가는 실제로 우리 눈에 보이지는 않지만 우리가 서로 돕고 사랑할 때 빛이 나고, 그 빛은 특별한 누군가가 아니라 우리 모두가 이미 가지고 있다고 말한다. 우리가 가진 이 빛은 우리를 선한 방향으로 나아갈 수 있게 하고, 복잡하고 어지러운 이 세상을 바로잡아 주는 힘이 된다.

　『당신의 빛』을 읽고 '버츄 프로젝트'가 생각났다. 버츄 프로젝트의 관점에서 보면, 우리는 이미 '미덕'이라는 선하고 아름다운 마음을 지니고 있고 이는 실천을 통해 드러난다고 한다. 미덕에는 대표적으로 사랑, 배려, 친절, 끈기 등이 있다. 우리는 이미 미덕을 지닌 아름다운 존재라고 인식하기 때문에 아이들의 자존감과 자기 효능감이 향상되고, 교사도 아이들을 바라보는 관점이 긍정적이고 희망적으로 바뀐다. 또 부정적이거나 부족한 행동들은 관련 미덕들을 깨어나게 할 발전 가능성으로 여길 수 있게 된다. 반 아이

『당신의 빛』
강경수 글·그림, 모든요일그림책

들의 미덕이 깨어난다면 교사가 애쓰지 않아도 아이들은 자신과 타인을 사랑하고, 기쁜 마음으로 서로를 도울 것이다.

그림책 수업 활동

#그림책 읽기

그림책을 읽기 전 핵심 내용을 잘 파악할 수 있도록 관련 질문을 던졌다. 봉사 활동을 하는 이들의 사진을 보여 주며 "이 사람들은 왜 남을 돕는 일을 할까요?" 하고 물으니, 아이들은 "도와주면 기분이 좋아요. 하나도 힘들지 않아요"라고 대답했다. 남을 돕는 기쁨을 아는 아이들이 기특했다. 질문을 잘 이해하지 못하면, 평소 아이들이 선생님과 친구를 도와줬던 일들을 예시로 들며, 그때 왜 도와주었는지, 도움을 준 뒤 기분은 어땠는지 물을 수 있다.

다음으로 모든 것을 독차지하려는 사람의 사진과 남을 짓밟고 올라서서 승리의 기쁨을 누리는 사람의 그림을 보여 주며, "모든 사람이 자신만 생각한다면 어떤 세상이 될까요?"라고 물었다. 아이들은 "슬픈 세상요", "속상할 것 같아요"라고 답했다.

그림책을 읽은 뒤 어떤 사람들의 머리에서 빛이 나고 있었는지 내용을 되짚어 보았다. "빛은 무엇을 의미할까요?", "우리에게도 이 빛이 있을까요?"라는 질문을 통해, 이 글이 전하는 핵심 내용인 빛의 의미, 즉 서로 돕고 사랑하는 선하고 아름다운 마음과, 이 빛을 우리가 이미 지니고 있음을 인지하도록 했다.

#미덕의 보석이란?

'미덕'이란 사랑하는 마음과 배려하는 마음처럼, 우리가 본래 가지고 있는 선한 마음이 드러나는 것이다. 그리고 '미덕의 보석'이란 우리 마음속 광산에 잠들어 있는 수많은 미덕의 원석이 실천을 통해 다듬어져 반짝이는 보석이 된 것을 의미한다. 이렇게 미덕의 원석이 깨어나 보석이 되면, 그 미덕을 실생활에서 자유자재로 사용하며 타인과 나누는 경지가 된다. 아이들에게 그림책에 나오는 '빛'이 미덕과 비슷한 것이라고 설명해 주니 조금 더 쉽게 받아들였다. 이 개념을 정확히 아는 것보다 더 중요한 것은 아이들이 이미 자신의 마음속에도 이런 선한 마음이 있다는 사실을 깨닫는 일이다.

학급에서 유독 수업을 방해하거나 친구들과 자주 갈등을 빚어 또래와 어울리지 못하는 아이들이 있다. 이들은 평소 타인에게서 긍정적인 반응을 얻지 못해 자존감과 자기 효능감이 낮다. 자존감과 자기 효능감이 낮으면 '난 잘하는 게 없어', '난 나쁜 아이야'라며 자신을 부정적으로 평가한다. 그런 아이에게 "너는 이미 반짝이는 미덕을 가진 무한한 가능성을 지닌 존재야"라고 일깨워 주면 긍정적인 자아상이 싹틀 수 있다. 부정적인 행동에 대해서는 관련된 미덕이 아직 잠자고 있어 이런 행동이 나타났다고 말해 줌으로써, 그 행동을 개선할 수 있는 도전 정신과 용기를 심어 줄 수 있다. 이는 부정적 행동을 고치려 하기보다 본래의 선한 모습을 되찾아 주는 데 집중할 수 있게 한다.

미덕의 보석이 무엇인지 알아본 다음, 미덕의 보석을 깨우려면 생활 속에서 어떤 실천을 해야 할지 이야기했다. 아이들은 "친구를 도와줘요", "인사를 잘해요", "배려하기요" 등을 실천 사례로 들었다. 착한 마음을 속으로 품고만 있으면 이 세상을 바꾸지 못하므로, 우리가 선한 행동과 말을 꾸준히 실천해야 한다고 강조했다. 일회성 수업만으로 미덕의 보석을 깨우는 일을 일상화시키기는 어렵다. 다음의 활동을 통해 반짝이는 미덕의 보석들을 깨워 보자.

#'미덕 칭찬판' 만들기

학급에서 칭찬 스티커 같은 토큰을 이용해 아이들의 행동을 지도하는 경우가 많다. 나는 '행동 계약'과 '토큰 경제'를 활용해 아이들의 긍정적인 행동을 촉진하고 있다. 학기 초 학급 회의를 통해 행동에 따른 칭찬 스티커 획득 및 회수 규칙을 정하고, 칭찬 스티커를 학급 화폐로 교환해 원하는 물건을 살 수 있게 했다. 그랬더니 아이들의 긍정적인 행동 빈도가 증가하고 부정적인 행동은 감소하는 효과가 눈에 보였다. 이 방법을 미덕 실천에 적용한 것이 '미덕 칭찬판'이다.

<'미덕 칭찬판' 만드는 방법>

- 사전 준비
  - 큰 도화지를 들고 있는 아이들의 상반신 사진을 찍은 뒤 오려서 코팅한다.
  - 미덕의 보석 스티커 그림을 오려 코팅한 다음, 뒤에 벨크로 테이프(까슬이)를 붙인다.

- 활동 순서
  1. OHP 필름에 인쇄한 동그라미를 유성 사인펜으로 꾸민다.
  2. 동그라미 뒤에 구겼다 편 쿠킹 포일을 목공풀로 붙이고 선을 따라 오린다.
  3. 검정 도화지 위에 동그라미를 붙이고 그 위에 자신의 사진을 붙인다. 검정 도화지 맨 윗부분에는 '나는 빛나는 사람' 글자를 붙인다.

4. 사진의 도화지 위에 벨크로 테이프(보슬이)를 붙인다.
5. 잘 보이는 곳에 게시하고, 미덕이 빛나는 행동을 한 경우 미덕 칭찬과 함께 미덕의 보석 스티커를 제공해 미덕 칭찬판에 붙이게 한다.

아이들이 만든 '미덕 칭찬판'

미덕의 보석 스티커를 제공할 때 교사는 "○○이가 긴 시간 동안 포기하지 않고 문제를 끝까지 풀어냈구나! 너에게서 끈기의 미덕이 빛났어. 정말 멋져"라고 말하며, 구체적인 행동과 관련 미덕을 연결시켜 칭찬해야 미덕 칭찬판의 효과를 극대화할 수 있다. 미덕 칭찬판을 활용하면 교사는 미덕과 연결된 행동들을 찾기 위해 아이들을 더욱 세밀히 살피고 그들의 장점을 더 많이 발견할 수 있다. 그리고 미덕 칭찬은 실패와 실수의 상황에서도 그 과정을 칭찬할 수 있으므로 아이들의 자존감을 높여 준다.

#미덕으로 학급 세우기

　미덕을 이용한 학급 운영이 성공하려면 교사뿐 아니라 아이들도 미덕에 익숙해져야 한다. 미덕 용어는 가짓수가 많고 용어가 생소할 수 있으므로 긴 호흡으로 꾸준히 지도해야 한다. 학기 초 학급 회의 시간에 교사가 학급 운영에 필요하다고 생각하는 미덕을 열 가지 정도 추려 아이들에게 쉬운 예시와 함께 설명해 주고, 우리 반에서 꼭 지켰으면 하는 대표 미덕 두 가지를 투표해 우리 반 급훈으로 정할 수 있다. 올해 우리 반은 '예의'와 '사랑' 미덕이 많은 표를 얻었고, 급훈을 '예의 바르고 서로 사랑하는 우리 반'으로 정했다.

　일주일에 한 번 이상 미덕 용어를 지도하면 아이들도 다양한 미덕을 이해하게 된다. 미덕과 관련한 그림책 읽어 주기, 여러 미덕의 의미가 담긴 미덕 카드(버츄 카드) 내용 필사하기, 미덕 카드 내용을 읽은 뒤 느낀 점을 그림이나 짧은 글로 표현하기, 오늘의 미덕 실천 방안 쓰기 같은 활동을 할 수 있다.

　미덕 용어가 어느 정도 익숙해졌다면, 자신이 가진 미덕을 찾아 자기소개하기, 친구의 미덕 찾아 칭찬 롤링 페이퍼 쓰기, 자신에게 부족한 미덕을 찾아보고 성장 미덕으로 정해 실천하기 등으로 활동을 확장해 보자. '미덕 통장'을 만들어 학급을 운영할 수도 있다. 미덕이 빛나는 행동을 했다면 통장에 미덕 이름과 행동을 기록하고 후에 보상 받을 수 있게 하는 것이다. '버츄 프로젝트'를 검색하면 관련 연수, 서적, 교육 자료들이 많으니 참고해서 학급 실정에 맞게 운용하면 된다.

　중요한 것은 모든 미덕 용어를 아는 것도, 관련 활동을 열심히 하는 것도 아니다. 바로 아이들은 존재 자체로 사랑 받을 만하며, 무한한 가능성을 지녔다는 사실을 교사가 잊지 않는 것이다. 그런 시선으로 아이들과 소통한다면 아이들은 자신과 상대를 존중하고 서로 사랑하게 될 것이다.

 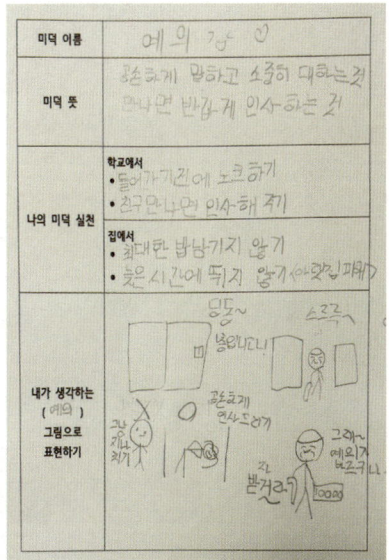

'미덕 실천하기' 활동지

✏️ '미덕 보석 찾기' 레벨 UP!

그림책 『당신의 빛』으로 미덕 보석을 찾는 수업 활동을 디자인해 보세요.

✏️ 그림책으로 아이들과 나눌 수 있는 질문

Q1. 빛이 의미하는 것은 무엇일까요?

Q2. 우리에게도 이 빛이 있을까요?

Q3. 우리가 어떤 행동을 할 때 빛이 날까요?

✏️ 함께 읽으면 좋은 그림책

- 『밀림에서 가장 아름다운 표범』 구도 나오코 글, 와다 마코토 그림, 김보나 옮김, 위즈덤하우스
- 『예페의 심부름 가는 길』 유타 바우어 글·그림, 김영진 옮김, 미디어창비
- 『무지개 물고기』 마르쿠스 피스터 글·그림, 공경희 옮김, 시공주니어

초등사자성어
끝판왕

전6권

한자어들에게 둘러싸여 공부하는 때에 이미 세계에 미친 영향력 및 자승자박 대처 능력 성향 수 있는 기초 체력입니다. 한자어 글들은 바탕이 기초 체력을 재단합니다. 생각정리 힘, 창의력이나 추상적 사고력은 배경지식 바탕으로 성장합니다. 이 책에서 이 3가지 모두를 초등학생에 경험할 수 있습니다.

각 학년별 꼭 기억할 사자성어 수상 드라마 출전되어 있어 학년별 특성에 맞는 다양한 활동과 바로 배울 수 있고, 놀이 활동지, 한자르트, 뜻 지움 읽기, 한 문장 읽기 활동 가이드

- 초등사자성어 끝판왕 · 1학년 | 228쪽 | 15,000원
- 초등사자성어 끝판왕 · 2학년 | 228쪽 | 15,000원
- 초등사자성어 끝판왕 · 3학년 | 220쪽 | 15,000원
- 초등사자성어 끝판왕 · 4학년 | 224쪽 | 15,000원
- 초등사자성어 끝판왕 · 5학년 | 256쪽 | 16,000원
- 초등사자성어 끝판왕 · 6학년 | 288쪽 | 17,000원